A HISTÓRIA DO MUNDO
PARA QUEM TEM PRESSA

EMMA MARRIOTT

A HISTÓRIA DO MUNDO
PARA QUEM TEM PRESSA

Tradução
PAULO AFONSO

valentina

Rio de Janeiro, 2025
17ª edição

Copyright © 2012 *by* Michael O'Mara Books Limited

TÍTULO ORIGINAL
The history of the world in bite-sized chunks

CAPA
Sérgio Campante

DIAGRAMAÇÃO
Abreu's System

Impresso no Brasil
Printed in Brazil
2025

CIP-BRASIL. CATALOGAÇÃO NA FONTE
SINDICATO NACIONAL DOS EDITORES DE LIVROS, RJ

M322h
17.ed.

Marriott, Emma
   A história do mundo para quem tem pressa / Emma Marriott;
tradução Paulo Afonso. - 17. ed. - Rio de Janeiro: Valentina, 2025.
   200p. ; 21 cm

   Tradução de: The history of the world in bite-sized chunks
   Inclui índice
   ISBN 978-85-65859-51-6

   1. História geral. 2. História universal. I. Título.

CDD: 900
15-19526
CDU: 9

Todos os livros da Editora Valentina estão em conformidade com
o novo Acordo Ortográfico da Língua Portuguesa.

Todos os direitos desta edição reservados à

EDITORA VALENTINA
Rua Santa Clara 50/1107 – Copacabana
Rio de Janeiro – 22041-012
Tel/Fax: (21) 3208-8777
www.editoravalentina.com.br

SUMÁRIO

LISTA DE MAPAS 9

INTRODUÇÃO 11

CAPÍTULO UM ● Primeiros Impérios e Civilizações 13
Suméria 13 Antigo Egito: o Antigo Império 14 Antigo Egito: o Médio Império e o Novo Império 15 Babilônia 16 Império Hitita 18 Assíria 20 Fenícia 21 A Civilização do Vale do Indo 22 A Era Védica e o Hinduísmo 23 A Antiga Civilização Chinesa 24 A Civilização Minoica 25 A Civilização Micênica 26 As Civilizações Olmeca e Chavín 27

CAPÍTULO DOIS ● O Mundo Antigo 29
O Império Aquemênida 29 O Império Parta 30 O Império Sassânida 32 Os Hebreus e seu "Deus Único e Verdadeiro" 32 O Nascimento do Cristianismo 34 O Reino de Cuche 35 A Era Cartaginesa 36 O Budismo 37 Os Impérios Maurya e Gupta e a Era Dourada da Índia 40 As Dinastias Chin e Han da China e Confúcio 41 Os Etruscos e a Fundação de Roma 42 A Grécia Antiga e o Nascimento da Democracia 43 Alexandre, o Grande e o Período Helenista 45 A República Romana 46 O Império Romano 47 Os Celtas 48 Culturas Peruanas 49 Outras Culturas nas Américas 50

CAPÍTULO TRÊS ● A Idade Média 52
Axum, o Império de Gana e a Migração dos Bantos 52 O Nascimento do Islamismo 53 O Califado Abássida 54 O Califado Fatímida 55 A Era Dourada da China 57

As Reformas Taika no Japão 58 O Império Gaznávida 59
O Império Bizantino 60 Migrações Bárbaras 61 O Crescimento
do Cristianismo 62 O Império Franco e Carlos Magno 65
Os Vikings 66 Os Eslavos e os Magiares 67 O Grande Cisma 69
A Cidade Mexicana de Teotihuacán e os Impérios de Huari e
Tiahuanaco 70 Os Maias 71 A Cultura Maia 72
Os Toltecas 73

CAPÍTULO QUATRO ● O Mundo em Movimento 75
Os Almorávidas Islâmicos e os Impérios Almôadas 75 Os Impérios
do Mali e Songhai na África Ocidental 76 Os Impérios da África
Ocidental, o Grande Zimbábue e a Costa Suaíli 77 As Explorações
Portuguesas e o Advento do Tráfico de Escravos no Atlântico 78
Os Turcos Seljúcidas 79 As Cruzadas 80 A Ascensão do Império
Otomano 82 O Império Otomano: Renascimento e Declínio 83
O Império Safávida da Pérsia 84 O Japão Unificado 85 O Império
Mongol 86 A Dinastia Timúrida 88 A Peste Negra 90
A Dinastia Ming na China 91 O Império Mogol na Índia e o
Siquismo 92 O Feudalismo e as Conquistas Normandas 93
O Crescimento do Comércio 94 A Guerra dos Cem Anos 96
A Renascença 97 A Reforma Protestante e a Contrarreforma 98
As Explorações Europeias e os Impérios Mercantis 99 A Monarquia
Absoluta: Carlos I e Luís XIV 101 Os Astecas 102 Os Incas 103
Os Conquistadores Espanhóis 105 A Nova França 106
Assentamentos Europeus na América do Norte 107 Descobertas
Europeias nas Ilhas do Pacífico 108

CAPÍTULO CINCO ● Revoluções e Imperialismo Europeu 110
Os Impérios Oyo e Ashanti 110 Os Europeus Exploram o Interior
da África 111 O Tráfico de Escravos e a Abolição da
Escravatura 112 A Disputa pela África 113 O Sul da África 114
O Xá Nader Governa a Pérsia 116 O Apogeu da China Manchu 117
Os Britânicos na Índia 118 As Guerras do Ópio e a Rebelião Taiping
na China 119 A Restauração Meiji no Japão 122 A Ascensão da
Rússia 123 As Guerras dos Anos 1700 e o Surgimento da Prússia 125

A Era do Iluminismo 126 A Revolução Francesa 127 As Guerras
Revolucionárias e Napoleônicas da França e o Congresso de Viena 128
A Revolução Industrial 130 Sociedade Industrial, Marxismo e
Revoltas 131 "A Questão Oriental" e a Guerra da Crimeia 132
Migrações Populacionais 133 A Ascensão do Estado Nacional 134
A Revolução Americana 136 As Guerras de Independência na
América Latina 137 A Expansão Norte-Americana e o "Destino
Manifesto" 139 A Guerra Civil Norte-Americana 140 O Capitão
James Cook e os Assentamentos Europeus na Austrália 142
A Colonização Europeia da Nova Zelândia e das Ilhas do Pacífico 143

CAPÍTULO SEIS ● Uma Nova Ordem Mundial 145
Resistência ao Domínio Colonial Europeu 145 A União Sul-Africana
e o Império Etíope 146 A Dissolução do Império Otomano 147
A Palestina e o Movimento Sionista 148 A Rebelião dos Boxers e a
Revolução Chinesa de 1911 150 A Ascensão do Japão 151
A Guerra Civil Chinesa 153 A Independência da Índia 154
A Tríplice Entente e a Corrida Armamentista 155 A Eclosão da
Primeira Guerra Mundial e a Frente Ocidental 156 A Frente Oriental
e Outros Palcos da Guerra 158 O Fim da Grande Guerra 161
A Gripe Espanhola 162 O Sufrágio Feminino 163 A Revolução
Russa e a Ascensão da União Soviética 164 Mussolini e a Ascensão do
Fascismo Italiano 166 Hitler e a Alemanha Nazista 167 A Guerra
Civil Espanhola 169 A Segunda Guerra Mundial 170 O Término
da Segunda Guerra Mundial 171 A Vitória no Japão e o
Holocausto 173 Os Vibrantes Anos Vinte, a Grande Depressão e o
New Deal de Roosevelt 176 Desdobramentos nos Países Latino-
-Americanos 177 A Commonwealth da Austrália e o Dominion da
Nova Zelândia 178

Bibliografia Selecionada 181

Índice Remissivo 183

LISTA DE MAPAS

1 Antigos Impérios: África e Oriente Médio
 c. 3500-60 a.C.   17

2 Antigos Impérios: Américas e Extremo Oriente
 c. 3500 a.C.-900 d.C.   39

3 Os Primeiros Impérios Europeus
 336 a.C.-1453   64

4 Novos Impérios e Descobrimentos
 1237-1857   89

5 Expansão até a Primeira Guerra Mundial
 1400-1911   120

6 Causas e Efeitos da Primeira Guerra Mundial
 1899-1922   160

7 Principais Palcos da Segunda Guerra Mundial   175

INTRODUÇÃO

Nosso objetivo neste livro foi englobar mais de 5 mil anos de história em um único volume de 200 páginas. Neste formato simples e acessível — uma sequência de pequenos blocos —, buscamos condensar a natureza vasta e muitas vezes complexa de nossa história.

Além disso, decidimos dar o devido destaque às primeiras civilizações e aos antigos impérios, bem como oferecer uma história do mundo que ultrapassasse as trilhas batidas da história europeia.

Obviamente, são abordados os fatos mais conhecidos ocorridos na Europa e na América do Norte, desde as glórias dos gregos antigos, passando pelas invasões normandas e as guerras de independência americanas, até a Quebra da Bolsa de Nova York. Também analisamos os eventos importantes que tiveram lugar no Extremo Oriente, na África, no Oriente Médio, na Oceania e nas Américas, bem como os povos que os protagonizaram. Nossa ideia foi enfatizar, mesmo brevemente (afinal é esse o propósito), algumas preciosidades históricas, como a civilização do vale do Indo, no Paquistão, a dinastia Tang, na China, o Reino de Cuche, no Norte da África, e o xá Nader, na Pérsia.

Cada entrada é concisa — embora abrangente —, uma fatia de informação que pode ser degustada em separado.

Tentamos cobrir o máximo possível em um só volume (mais difícil do que escolher o conteúdo a manter é decidir o que deve ser descartado). Referências cruzadas para outras entradas e eventos foram inseridas, pois a história é sempre interligada e moldada pelo que ocorreu antes.

Iniciamos com as civilizações mais antigas, sobre as quais sabemos relativamente pouco, mas que, apesar disso, tiveram grande influência na vida contemporânea. (Nas palavras do historiador J.M. Roberts: "A história distante ainda se agarra às nossas vidas e ao nosso pensamento.") Assim sendo, mais de 54 séculos de história mundial estão cobertos até 1945, com entradas reunidas em subgrupos que enfocam o Oriente Médio e a África, a Europa, as Américas, o Extremo Oriente e a Oceania. Nomes modernos de países e cidades são frequentemente informados, mas os antigos foram conservados, quando considerados mais familiares para o leitor.

Esperamos que *A História do Mundo para Quem Tem Pressa* venha esclarecer uma parte do confuso emaranhado da história, de modo a obter alguns de seus fatos essenciais — as migrações em massa, os conflitos, as esplêndidas realizações do passado, os numerosos exemplos da tenacidade do ser humano para sobreviver —, os quais ainda influenciam nosso pensamento e fazem de nós o que somos hoje.

EMMA MARRIOTT

Meus sinceros agradecimentos à dra. Hilary Stroh (Larkin, quando solteira), Lindsay Davies, David Woodroffe, Ana Bježančević, Greg Stevenson, Andrew John, Charlotte Buchan, Dominique Enright e Glen Saville.

Para meu pai, CHARLES DONALD MANN
(1931-2012)

CAPÍTULO UM

PRIMEIROS IMPÉRIOS E CIVILIZAÇÕES

3500 a.C. — 800 a.C.

ORIENTE MÉDIO E ÁFRICA

SUMÉRIA

Por volta do ano 5000,* grupos de agricultores se estabeleceram na área fértil do Sul da Mesopotâmia (hoje Iraque) conhecida então como Suméria. A partir desse início humilde, formou-se a primeira grande civilização do mundo. Vivendo nos vales ao longo dos rios Tigre e Eufrates (Mesopotâmia, em grego, significa "terra entre rios"), os agricultores sumérios conseguiam obter fartas colheitas de cereais e outros produtos agrícolas, cujos excedentes lhes permitiram se fixar no lugar. Esses excedentes eram também trocados por ferramentas e utensílios de metal produzidos por povos que viviam em regiões extremamente distantes, como as que hoje fazem parte do Paquistão e do Afeganistão. Sendo suas terras sujeitas a inundações, os sumérios construíram uma rede de valas e canais de escoamento.

---

* Nos casos em que obviamente o ano em questão é antes de Cristo, e como a ideia do livro é ser sintético ao máximo, o a.C. foi suprimido. (N.E.)

Por volta do ano 3000, algumas cidades-estado haviam se desenvolvido na região. A maior delas era Ur, com população em torno de 40 mil habitantes. O primeiro sistema de escrita se originou na Suméria: pictográfico, no início, evoluiu gradativamente até se transformar em uma série de sinais simplificados no formato de cunhas, que eram grafados com pedaços de junco em tabuletas de barro (argila). Essa escrita veio a ser chamada de cuneiforme, que significa "no formato de cunha", em latim. Os sumérios também elaboraram um complexo sistema jurídico e administrativo, produziram veículos sobre rodas, desenvolveram rodas de oleiro, ergueram grandes zigurates e construíram prédios com colunas e domos.

O primeiro grande império da Suméria foi estabelecido por Sargão, rei da Acádia (antigo reino situado ao norte da Suméria). Por volta de 2350, todas as cidades sumérias estavam sob seu controle. O império se estendia da Síria até o golfo Pérsico. Essa dinastia foi destruída por volta de 2200, mas após 2150 os reis de Ur restabeleceram a autoridade suméria na região e ainda conquistaram a Acádia. Após uma invasão dos elamitas (que formavam uma civilização a leste da Suméria) e o saque de Ur, em cerca do ano 2000, a Suméria caiu sob o domínio dos amoritas, sob o qual emergiu a cidade-estado da Babilônia (pág. 16).

Antigo Egito: o Antigo Império

A primeira grande civilização da África teve início com o povoamento do vale do Nilo, no Nordeste do continente, por volta do ano 5000. Acredita-se hoje que seus colonizadores provinham do Saara, onde as primeiras sociedades agrícolas haviam se desenvolvido 2 mil anos antes, quando as mudanças que o transformaram em um deserto ainda não haviam ocorrido. Essas mesmas mudanças climáticas secaram os pântanos do vale do Nilo, que assim se tornou mais atraente para os agricultores.

CAPÍTULO UM: PRIMEIROS IMPÉRIOS E CIVILIZAÇÕES

Em meados do quarto milênio, o vale do Nilo já estava densamente povoado. Cidades haviam se desenvolvido, e a região fora dividida em dois reinos egípcios. A cronologia tradicional egípcia considera que, em 3200, o faraó (soberano) Menés unificou os dois reinos do país e criou um Estado único. Esse foi o início de uma civilização que durou 3 mil anos e que ficou marcada por suas tumbas monumentais e pelo florescimento da cultura egípcia.

No período mais remoto do Antigo Egito, conhecido como Antigo Império (*c.* 2575-2130), o país foi governado por poderosos faraós e assistiu a grandes desenvolvimentos na tecnologia, na arte, na arquitetura e na escrita hieroglífica. Durante esse período foram construídas a Esfinge e as grandes pirâmides de Gizé (o que causou a morte de milhares de trabalhadores egípcios). As pirâmides, que asseguravam ao faraó a vida após a morte, estavam estreitamente associadas ao culto de Rá, o deus sol, e seu formato lembrava a irradiação difusa dos raios solares, oferecendo também uma escadaria para que o falecido líder fosse ao encontro dos deuses.

ANTIGO EGITO: O MÉDIO IMPÉRIO E O NOVO IMPÉRIO

Depois de um período de secas extremas e fome, e do colapso do governo central, seguiu-se um período de estabilidade, conhecido como Médio Império (*c.* 1938-1630).

A partir daí, os faraós egípcios restauraram a prosperidade do país, protegendo suas fronteiras, aumentando a produção agrícola e tendo acesso a uma vasta riqueza mineral (em parte pela reconquista de terras na Baixa Núbia, rica em pedreiras e minas de ouro). Esse período se tornou conhecido por suas joias e ourivesaria. A adoração de Osíris, deus da morte e da ressurreição, também se difundiu no Egito, gerando a crença predominante de que todos, e não apenas os faraós, poderiam ser acolhidos pelos deuses após a morte.

Construções ambiciosas e grandes projetos de mineração, juntamente com graves inundações do Nilo, provocaram enfraquecimento no poder do faraó, permitindo que colonos estrangeiros (sobretudo os hicsos, provavelmente vindos da Palestina) assumissem o poder. A mudança de uma economia baseada no bronze para outra baseada no ferro também contribuiu para o declínio egípcio. Esse período foi seguido pelo Novo Império (c. 1539-1075), quando o controle foi restabelecido pelos faraós e a influência egípcia se estendeu até a Núbia e o Oriente Médio. O Novo Império é tido como um dos mais grandiosos capítulos da história do Egito, quando muitos enormes templos foram construídos, assim como as tumbas decoradas com pinturas no vale dos Reis. Foi uma era que revelou alguns dos mais famosos faraós do Egito, incluindo uma mulher, Hatshepsut, e o rei-menino Tutankhamon.

Depois da morte do último grande faraó, Ramsés III, em 1070, o Egito entrou em lento declínio, dividindo-se em pequenos reinos. Por volta de 719, os cuchitas (pág. 35) conquistaram o país, que governaram com seus próprios faraós, até serem repelidos de volta às suas fronteiras pelos assírios, em 656. O controle assírio foi seguido pela conquista persa, em 525, pela ocupação por Alexandre, o Grande, em 332, e finalmente pelo domínio romano, no ano 30 a.C.

BABILÔNIA

O poder político na Mesopotâmia foi, por fim, se transferindo para a cidade da Babilônia, na Acádia, e toda a planície acabou se tornando conhecida como Babilônia. A primeira grande dinastia babilônica durou cerca de 300 anos, de 1894 até o

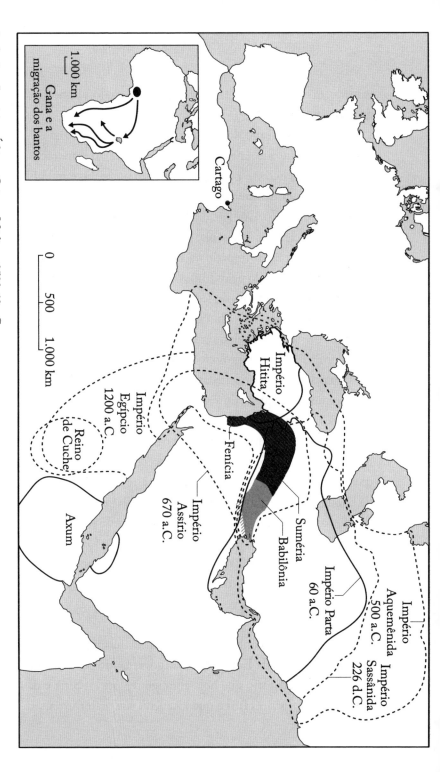

1 Antigos Impérios: África e Oriente Médio, c. 3500-60 a.C.

reinado de Hammurabi (*c.* 1795-1750), quando alcançou o auge de sua influência.

Durante o governo de Hammurabi, o Império da Babilônia se expandiu até englobar todo o Sul da Mesopotâmia (inclusive a Suméria) e parte da Assíria, ao norte. Hammurabi é famoso por ter instituído o primeiro conjunto de leis conhecido no mundo (o Código de Hammurabi) e também por promover as ciências e a escolarização.

Após sua morte, o Império da Babilônia declinou e, a partir de 1595, foi dominado pelos hititas (ver a seguir) e depois pelos cassitas (povo montanhês do leste da Babilônia) — que estabeleceram uma dinastia que durou 400 anos. Durante esse período, a Assíria se desvinculou da Babilônia e iniciou uma guerra para dominá-la, que se prolongou por vários séculos. Por volta do século IX, reis assírios estavam governando a Babilônia, o que fizeram até a queda do seu império, no final do século VII.

A partir de então a Babilônia caiu sob o domínio dos caldeus (um povo semita pouco conhecido) e o império prosperou novamente. Destaca-se o governo de Nabucodonosor II (604-562), que conquistou a Assíria e a Palestina, e revitalizou a cidade da Babilônia, construindo o tempo de Marduk (o maior deus da Babilônia) e os célebres "Jardins Suspensos". Em 539, a Babilônia foi invadida pelos persas, comandados por Ciro, o Grande (pág. 29), e o Império da Babilônia chegou ao fim, embora a capital tenha permanecido importante até meados do século IV a.C.

Império Hitita

O povo guerreiro conhecido como hitita formou uma das grandes potências da Era do Bronze, governando por cerca de mil anos um território que hoje abrange regiões da Síria e da Turquia. O Império Hitita, que alcançou sua maior extensão

CAPÍTULO UM: PRIMEIROS IMPÉRIOS E CIVILIZAÇÕES   19

entre 1450 e 1200, rivalizava com os impérios da Babilônia, da Assíria e do Egito.

Muito do que sabemos sobre os hititas provém da descoberta de 10 mil tabuletas de barro com caracteres cuneiformes em Hattusa, na Turquia, em 1906. Essas tabuletas, juntamente com as ruínas de algumas de suas antigas cidades, revelaram que os hititas eram povos feudais que habitavam uma região ao norte do mar Negro. Não muito depois do ano 3000, eles se lançaram rumo ao sul, entrando na Anatólia, ou Ásia Menor, território que hoje integra a parte asiática da Turquia. Os hititas montavam cavalos, dirigiam carruagens de guerra e portavam adagas de bronze. Por volta do ano 2000, os diversos Estados hititas foram unificados em um império, com capital em Hattusa. Um dos primeiros reis hititas, Hattusili I (1650-1620), invadiu a Síria. Seu sucessor, Mursili I, saqueou a Babilônia, embora depois tenha sido morto, e as conquistas hititas, perdidas.

Um império hitita ainda mais poderoso surgiu em 1450. Em cerca de 1380, o grande rei hitita Suppiluliuma havia erguido um império que englobava a Síria quase até Canaã (no atual Israel). No reinado de seu descendente Muwatalli, o Egito e o Império Hitita competiam pela supremacia na Síria, o que resultou na feroz e famosa Batalha de Kadesh, travada entre as tropas de Muwatalli e do faraó egípcio Ramsés II (*c.* 1300).

Acredita-se que os hititas foram a primeira civilização a produzir ferro em larga escala, usando o metal para confeccionar ferramentas e armas, iniciando assim a Idade do Ferro (embora o ferro só viesse a ser usado pela maioria das civilizações séculos mais tarde). O poder hitita desmoronou subitamente quando imigrantes, entre eles os Povos do Mar Egeu (uma misteriosa coalizão proveniente do leste do Mediterrâneo), invadiram a região por volta do ano 1193.

Assíria

No século XIV, a Assíria se separou da Babilônia (págs. 16-8) e estabeleceu um império independente, centralizado na cidade de Assur, no Norte da Mesopotâmia.

Guerras constantes contra invasores do norte e do sul transformaram os assírios em ferozes guerreiros, célebres por sua crueldade. Com idioma praticamente idêntico ao dos babilônios (cuja cultura absorveram), os assírios inovaram na tecnologia armamentista, desenvolvendo uma série de equipamentos para cercos. Também acredita-se que foram os primeiros guerreiros a usar cavalos como cavalaria, em vez de simples puxadores de carruagens de guerra.

O mais famoso dos reis assírios, Sargão II (722-705), mudou a capital para Nínive e conquistou, entre outros lugares, Damasco e Israel, exilando 30 mil israelitas (o fato por trás da lenda das Dez Tribos Perdidas de Israel).

No século VII, a Assíria havia se tornado o maior império que o mundo já vira. O último dos grandes reis assírios, Assurbanipal (668-627), governou uma região que se estendia do golfo Pérsico ao Egito, inclusive. Para governar um império tão grande, os assírios construíram estradas e instituíram um serviço de correios altamente eficiente. Em Nínive, Assurbanipal planejou e construiu a primeira biblioteca organizada do Oriente Médio, com milhares de textos em tabuletas de barro. Atualmente, existem no Museu Britânico 20.720 dessas tabuletas de escrita cuneiforme.

O Estado assírio foi finalmente derrotado em 612 a.C., por uma coalizão de medos (povos indo-europeus aparentados com os persas) e caldeus. Durante os séculos seguintes, a Assíria foi governada pela Babilônia, pelo Império Persa, por Alexandre, o Grande (que a rebatizou de Síria), pelos partos e pelos romanos.

FENÍCIA

Por volta do ano 2000, muitos povos haviam se estabelecido a leste do Mediterrâneo, no que hoje abrange áreas do Líbano, Síria e Israel. Vivendo em uma estreita faixa costeira que formava um ponto de comunicação natural entre a Ásia, a África e outras terras, esses colonos se desenvolveram e começaram a produzir diversas mercadorias, como tábuas de cedro (usadas em construções), azeitona, vinho e tecidos, que comerciavam com o Egito, Chipre, Creta e lugares distantes, como Troia, na Turquia ocidental.

Por volta de 1500, novas cidades começaram a surgir na região, que vieram somar-se a Ugarit e Biblos, fundadas em épocas muito mais antigas — 4000 e 3000, respectivamente. Ao contrário de alguns impérios que surgiram paralelamente, as cidades fenícias — as maiores eram Tiro, Sidon e Beirute, todas famosas por seus bordados — haviam entrado em uma era dourada no início do ano 1000.

O comércio continuou a ser a pedra angular da prosperidade fenícia, em particular a manufatura e a venda de produtos de luxo, como ornamentos de ouro e prata, vidros finos e marfim lavrado. Os corantes fenícios e, principalmente, seus famosos tecidos de cor púrpura, cada vez mais associados a um status social superior, tornaram-se muito procurados. De fato, o nome Fenícia é derivado da palavra grega para "púrpura".

Sendo uma potência marítima, os fenícios começaram a estabelecer, desde o final do século IX, colônias em Chipre e na costa norte-africana. Em 814 estabeleceram-se em Cartago, na atual Tunísia (págs. 36-7). A Fenícia ainda prosperou sob o controle dos impérios assírio e persa até 322, quando Tiro, sua capital, foi saqueada, e o país incorporado ao mundo grego de Alexandre, o Grande.

EXTREMO ORIENTE

A Civilização do Vale do Indo

Uma das comunidades urbanas mais desenvolvidas do mundo surgiu por volta do ano 2500, no vale do Baixo Indo, hoje parte do Paquistão. Além de ser, sob muitos aspectos, mais avançada que o Antigo Egito, era com certeza mais extensa, cobrindo uma área de aproximadamente 500 mil km^2, contra os 63 mil do Egito. Foi a primeira civilização a surgir no Sul da Ásia e deveu seu desenvolvimento às terras férteis do vale.

Até o momento, cerca de 100 sítios relacionados à civilização do Indo foram escavados por arqueólogos, e o trabalho está apenas começando. O maior desses assentamentos inclui as cidades de Harappa, Mohenjo-Daro e Dholavira, cada uma com população entre 30 e 40 mil habitantes. Sólidos prédios construídos com tijolos de barro cozido e organizados em um traçado ortogonal de ruas e vias testemunham um cuidadoso planejamento urbano, comum a muitas das cidades e dos vilarejos do vale do Indo. Essas povoações também se destacam por alguns dos sistemas de saneamento mais avançados da história. Quase todas as habitações de Mohenjo-Daro dispunham de vaso sanitário conectado a esgotos revestidos com tijolos, que corriam sob as ruas.

A escrita da civilização do Indo, formada por 400 sinais e encontrada principalmente em selos de pedra-sabão, ainda não foi decifrada. Assim, muitas perguntas importantes continuam sem resposta. Não foram encontrados armamentos nem qualquer indício de religião organizada. Não existe, portanto, nenhuma explicação definitiva para o súbito desaparecimento dessa civilização, ocorrido por volta de 1500. Algumas hipóteses

CAPÍTULO UM: PRIMEIROS IMPÉRIOS E CIVILIZAÇÕES 23

têm sido aventadas: inundações, superpopulação, acúmulo de sal no solo ou a invasão de povos arianos (ver a seguir).

A Era Védica e o Hinduísmo

A Era Védica (*c*. 1500-800) está relacionada ao período em que surgiram as antigas escrituras hindus, conhecidas como Vedas. Formadas por quatro livros sagrados, são consideradas as predecessoras históricas do hinduísmo. A Era Védica também é associada à chegada à Índia, por volta do ano 1500, dos invasores arianos, povos originários da Ásia central. A palavra "ariano", em sua origem, significava "nobre".

Não existem registros históricos confiáveis das migrações arianas, mas os arianos são citados no *Rigveda*, a mais antiga escritura veda, como povos tribais, cujas vidas giravam em torno de cavalos e rebanhos de gado. Falavam uma antiga forma de sânscrito, o idioma das escrituras hindus, que acabou evoluindo e se ramificando em diversos idiomas, entre eles o híndi, a língua oficial da Índia moderna.

Nos séculos que se seguiram à chegada dos arianos, o Norte da Índia foi aos poucos se arianizando, embora no início os arianos, de pele clara, não se miscigenassem com os habitantes de pele escura que encontraram no país. Isso deu origem a uma rígida hierarquia social, composta de quatro divisões: os brâmanes (sacerdotes ou eruditos), os xátrias (soldados), os vaixás (fazendeiros ou mercadores) e os sudras (servos). Essa divisão formou a base do sistema de castas indiano.

As formas védicas de crença são tidas como precursoras do moderno hinduísmo. Suas divindades principais incluem Indra, Agni (o fogo sacrifical) e Surya (o sol). Alguns dos deuses clássicos hindus, como Vishnu, tinham importância menor, enquanto outros, como Shiva, estavam totalmente ausentes.

A realização de sacrifícios era crucial na crença védica, em especial a oferenda do *soma* (uma bebida alucinógena) aos deuses. Lá para o final do período védico, a religião dos povos conquistados havia se combinado com as tradições dos vedas, formando os primórdios do hinduísmo.

A Antiga Civilização Chinesa

Na China, a mais antiga civilização conhecida é a da dinastia Xia. Escassas descobertas arqueológicas acabaram provocando discussões sobre se a civilização Xia de fato existiu. Acredita-se que possa ter surgido por volta do ano 2100, no vale do rio Amarelo, onde arqueólogos encontraram utensílios de pedra e um crisol para derreter bronze, datados do ano 2000.

A subsequente dinastia Shang, que a partir de 1766 se estabeleceu nas proximidades da área hoje ocupada pela cidade de Anyang, é mais bem compreendida, principalmente devido à descoberta de mais de 100 mil cascos de tartarugas com inscrições — o povo shang tentava prever o futuro aquecendo conchas ou ossos de animais (conhecidos como ossos oraculares). As inscrições relativas a essa tradição constituem os registros mais antigos da escrita chinesa. Por volta de 1500, a dinastia Shang floresceu; seus avanços incluem a fundição de bronze para a confecção de vasilhames sagrados e armas, o desenvolvimento de um sofisticado sistema de escrita e intrincadas esculturas de jade e marfim. Ainda há dúvidas sobre o tamanho e a extensão do reino Shang, mas provavelmente tinha cerca de 650 mil km^2.

Por volta de 1046, os governantes do reino de Zhou, que controlavam um território ao norte do rio Yang-tsé, assumiram o lugar dos dirigentes shang, formando uma dinastia que

CAPÍTULO UM: PRIMEIROS IMPÉRIOS E CIVILIZAÇÕES 25

sobreviveu por 800 anos (a mais duradoura na história chinesa). Em 771, a capital do reino foi transferida de Hao para Luoyang. A partir de então, lutas entre reinos e senhores feudais mantiveram a China dividida (um sistema feudal foi imposto à China mais de mil anos antes que o mesmo sistema social se desenvolvesse na Europa). Durante a dinastia Zhou, foram inventadas tabelas de multiplicação e ocorreram avanços na fundição de ferro e na produção agrícola. Os Cinco Clássicos do Confucionismo foram compilados nesse período — e estudados desde então por centenas de eruditos chineses.

EUROPA

A Civilização Minoica

A civilização minoica, que surgiu na ilha de Creta entre 3000 e 1450, foi a primeira civilização a emergir na Europa (e a primeira no mundo a não se desenvolver na planície de inundação de um rio). Os minoicos deixaram um legado de grandes palácios, cerâmicas finas e utensílios de ouro e bronze. As lendas gregas falam de uma terra dourada e perdida chamada Minoa.

Em sua ilha montanhosa, os minoicos cultivavam azeitonas, trigo e uvas, criavam carneiros nos pastos das montanhas e pescavam. Grande parte da produção era exportada para terras distantes, como Egito, Síria e Chipre. Por volta do ano 2000, as riquezas geradas por esse intenso comércio propiciaram o desenvolvimento de cidades e portos, dominados pelos magníficos palácios de Cnossos, Malia, Festos e Zakros. O maior deles, o de Cnossos, foi descoberto em 1900 pelo arqueólogo inglês Arthur Evans (antes, nada se conhecia sobre a civilização minoica).

Os minoicos aparecem em algumas lendas gregas, entre elas a do Minotauro (o touro era um animal sagrado para os minoicos). Esse povo também desenvolveu escrita baseada em símbolos silábicos, ainda não decifrada, conhecida como linear A.

Por volta de 1700, quase todos os palácios minoicos haviam sido destruídos pelo fogo, como resultado de guerras ou terremotos, mas logo foram reconstruídos. Posteriormente, os minoicos começaram a produzir cerâmicas e afrescos de excelente qualidade. Em torno de 1500, uma enorme erupção vulcânica na ilha de Thera (hoje Santorini) produziu um maremoto que devastou mais uma vez as cidades e os palácios minoicos, destruindo a maioria de seus barcos. Porém tudo foi reparado, e Creta permaneceu próspera por muitos anos. A civilização minoica chegou ao fim aproximadamente em 1450, quando os micenianos (ver a seguir) assumiram o controle do mar Egeu.

A Civilização Micênica

Os micenianos constituíam um povo próspero, artístico e aguerrido. Viviam na planície de Argos, na Grécia continental, e, assim como os minoicos, eram uma civilização egeia. O período de grandeza se iniciou por volta do ano 1600, quando os micenianos começaram a construir pequenas cidades fortificadas, com destaque para Tirinto, Pilos e Micenas. A maioria delas — construídas em fortalezas naturais e cercadas por sólidos muros defensivos — abrigava palácios destinados à realeza.

Por volta do ano 1450, os micenianos ocuparam Creta e se apossaram do comércio marítimo dos minoicos, viajando até a Ásia Menor e a Síria, e comerciando com a Sicília e a Itália. Também deram início ao processo de colonização grega (que

CAPÍTULO UM: PRIMEIROS IMPÉRIOS E CIVILIZAÇÕES 27

atingiu o apogeu no Período Clássico da Grécia), estabelecendo-se em Rodes, Chipre e no sudoeste da Anatólia.

Os micenianos converteram a escrita minoica em uma forma de grego, que acabou sendo traduzida, revelando que os micenianos adoravam muitos dos deuses gregos clássicos, inclusive Poseidon, Apolo e Zeus. A temática bélica se destacava na arte micênica — que recebeu muitas influências minoicas, embora conservando suas características —, estando presente em vasilhames, armaduras, armamentos e máscaras de ouro. Os micenianos também são famosos por seus túmulos em forma de poços.

Por volta do ano 1200, segundo algumas lendas, os micenianos saquearam Troia (situada na costa egeia da Anatólia), embora seja provável que a amplitude dessa expedição tenha sido muito exagerada no relato feito por Homero na *Ilíada*. A civilização miceniana ruiu por volta de 1120. De modo geral, não se sabe o que provocou sua queda, mas esta ocorreu durante um período de muitos distúrbios no leste do Mediterrâneo (o Império Hitita desapareceu em 1205) e pode estar relacionada com as invasões promovidas pelos Povos do Mar Egeu.

AS AMÉRICAS

As Civilizações Olmeca e Chavín

A primeira civilização reconhecida a surgir na América Central ocupou as terras baixas e pantanosas de Veracruz, na costa leste do México e do golfo do México. Ruínas de vilarejos, fragmentos de cerâmica e vestígios de agricultura indicam que desde o segundo milênio ocorriam na América Central atividades humanas organizadas. Dessas atividades brotou a civilização olmeca, aproximadamente em 1500.

Os assentamentos mais importantes parecem ter sido grandes sítios cerimoniais, onde foram encontradas pirâmides de terra, juntamente com gigantescas cabeças esculpidas em pedras, que se acredita serem representações dos governantes. Esses sítios cerimoniais eram habitados por milhares de pessoas. Um dos maiores estava situado em La Venta, e sobreviveu até o ano 400, sustentando uma próspera comunidade de lavradores, pescadores, comerciantes e artesãos. Durante séculos após o ano 800, o estilo característico da arte olmeca (que frequentemente misturava figuras de crianças com formas semelhantes a jaguares) se difundiu pela América Central, chegando até ao que é hoje El Salvador.

A cultura olmeca desapareceu por volta do ano 400, absorvida por civilizações mais modernas, como a dos maias (págs. 71-3). Mistérios ainda rondam os olmecas, pois ninguém sabe que idioma falavam nem o que, exatamente, provocou seu desaparecimento.

Muito mais ao sul, no Peru, a civilização chavín, sediada no centro cerimonial de Chavín de Huantar, no alto dos Andes, floresceu de 900 a 200. A população de Chavín possuía alto nível de proficiência nos trabalhos em pedra e um estilo artístico que se difundiu por grande parte da região andina. Duzentas esculturas de pedra finamente trabalhadas foram descobertas em Chavín de Huantar, que deve ter sido um centro de peregrinação para os habitantes de todo o Peru.

O Mundo Antigo

800 a.C. — 400 d.C.

ORIENTE MÉDIO E ÁFRICA

O Império Aquemênida
Em 559, um jovem rei chamado Ciro II (o Grande) chegou ao poder na Pérsia. Ao longo da década seguinte, construiu um império que chegou a dominar um quinto da população mundial. Essa dinastia de reis persas foi chamada de Aquemênida, em homenagem a Aquêmenes, o fundador da dinastia.

Por volta de 549, Ciro mobilizou seu povo e conquistou as terras dos medos, que habitavam o Norte do Irã e controlavam a Pérsia, obtendo a Assíria nesse processo. Dois anos depois, os poderosos exércitos de Ciro dominaram as cidades jônicas* da Ásia Menor e, em 539, capturaram a Babilônia e a Palestina — para onde Ciro permitiu que os judeus exilados voltassem e reconstruíssem seu Templo em Jerusalém. Pouco antes de morrer, em 529, ele já havia expandido seu império até as fronteiras da Índia.

---

* Cidades fundadas ou colonizadas pelos gregos. (N.T.)

Na época do rei Dario I (522-486), as fronteiras da Pérsia incluíam o Egito e se estendiam do Norte da Índia, a leste, até a Turquia, a oeste, colocando a Pérsia em pé de igualdade com a Assíria, o maior império que o mundo já vira até então. Para manter o controle de seus vastos domínios, Dario I estabeleceu um eficiente sistema de taxas administrativas e construiu, no ano 500, uma estrada de 2.400 km, de Susa, no atual Irã, a Éfeso, na Turquia.

Foi aproximadamente nessa época que a antiga religião persa do zoroastrismo se firmou. Surgida no Irã por volta do ano 600, seus conceitos de ressurreição, julgamento final, céu e inferno iriam influenciar o islamismo, o judaísmo e o cristianismo, religiões que se tornaram mundiais.

No ano 500, os gregos jônicos se rebelaram. Em 490, Dario enviou um exército a Atenas para que a cidade-estado fosse punida por estar ajudando os rebeldes. Conseguiu reprimir as revoltas, mas foi derrotado pelos gregos, mais tarde, na famosa Batalha de Maratona, que desencadeou as chamadas Guerras Persas, travadas entre a Grécia e a Pérsia. Tentando obter o controle da Grécia, Xerxes, o sucessor de Dario, incendiou Atenas em 480, mas acabou sendo derrotado naquele mesmo ano. Tal derrota assinalou o início do declínio persa, completado em 330, quando o império foi conquistado por Alexandre, o Grande.

O Império Parta

Após o período em que foi controlado por macedônios e gregos (conhecido como Império Selêucida), o Irã caiu em 247 sob o domínio da Pártia, um pequeno reino no Nordeste da Pérsia. Ao longo dos séculos seguintes, os partas construíram um império (também conhecido como dinastia arsácida), que em seu apogeu se estendia das margens do Eufrates até as do Indo. Situado na Rota da Seda (págs. 47, 57, 87 e 90), que ligava a China ao Império Romano, o Império Parta se tornou um polo comercial. Entre os governantes partas se destacam Mitridates I (*c.* 171-138), que se espelhava no grande imperador Dario I, e os poderosos reis Mitridates II (*c.* 123-88) e Fraates III (*c.* 70-57). Os partas eram cavaleiros e guerreiros notavelmente hábeis — os arqueiros conseguiam desferir flechadas enquanto cavalgavam (técnica conhecida como "disparo parta"), o que lhes dava grande vantagem nos campos de batalha.

O Império Parta adotava uma mistura de culturas — persa, grega e regional —, embora a corte arsácida, que retivera muitas influências gregas, acabasse reincorporando gradativamente as tradições iranianas. Ao se expandir para oeste, a Pártia entrou em conflito com Roma, inicialmente pelo controle da Armênia. No ano 53, na Batalha de Carras, os partas infligiram uma retumbante derrota a Marcus Licinius Crassus, no que foi considerado um dos maiores desastres militares da história de Roma: um exército romano de 44 mil soldados foi posto em fuga, e apenas 10 mil escaparam com vida. Essa batalha encerrou de maneira definitiva as ambições de Roma a leste. Nas guerras entre romanos e partas que se seguiram (66 a.C.-217), alguns imperadores romanos invadiram a região, chegando em uma ocasião a tomar Ctesifonte, a capital da Pártia.* Por fim, a instabilidade do país e as guerras entre seus próprios dirigentes provocaram o colapso do império, que em 224 d.C. foi conquistado pelos persas, comandados por Ardacher I, um senhor da guerra oriundo da província de Fars, no atual Irã, e fundador da dinastia sassânida (ver a seguir).

---

* Devolvida um ano depois em um acordo de paz. (N.T.)

O Império Sassânida

Estabelecido por Ardacher I em 224 d.C., o Império Sassânida é considerado um dos períodos mais importantes e influentes da história iraniana. Foi o momento em que a antiga cultura persa (anterior às conquistas muçulmanas) atingiu o apogeu.

A corte sassânida, sediada na cidade de Ctesifonte, tornou-se o centro de uma cultura brilhante em que os sábios estudavam astronomia, artes, medicina e filosofia, e as pessoas se envolviam em passatempos como jogos de xadrez e polo. A arte sassânida influenciou fortemente a arte islâmica, e seu impacto foi sentido na China, na Ásia central e na Europa ocidental. Os sassânidas também se tornaram famosos por suas esculturas em pedra.

A consolidação do império, que se estendia do deserto sírio até o noroeste da Índia, provocou guerras constantes, sobretudo com romanos, hunos, turcos e bizantinos. Durante a conquista da Armênia, o rei Sapor I (240/42-272 d.C.) ficou famoso por sua vitória na Batalha de Edessa, em 260, e pelo aprisionamento do imperador romano Valeriano. Em 296, os romanos recuperaram a vantagem, e os sassânidas foram expulsos da Armênia e da Mesopotâmia. Politicamente, o controle do império flutuou entre o poder central de monarcas poderosos (como Cosroés I, que morreu em 579) e o poder local de nobres destacados. No século VII, antes das conquistas árabes, o império se desintegrou e o zoroastrismo acabou declinando.

Os Hebreus e seu "Deus Único e Verdadeiro"

Os hebreus eram nômades semitas que emigraram para Canaã vindos do leste, no final do segundo milênio a.C. Após derrotar os filisteus ("Povos do Mar" que se estabeleceram na costa

CAPÍTULO DOIS: O MUNDO ANTIGO

da Palestina), o rei Davi (1006-962), com a ajuda do rei fenício Hiram, de Tiro, constituiu uma Palestina unificada, tendo Jerusalém como capital religiosa e política. Após 930, no entanto, o país foi novamente dividido: Israel, ao norte, e Judá, incluindo Jerusalém, ao sul.

Em 721, a Assíria assumiu o controle de Israel. Por volta de 586, Judá caiu sob o domínio dos babilônios, e nesse período Jerusalém foi destruída. Seus habitantes foram levados cativos para a Babilônia, onde começaram a escrever sua história, no que viria a ser a Torá e os primeiros livros da Bíblia. Em 538, quando a Babilônia foi conquistada pelos persas, os judeus receberam permissão para retornar a Jerusalém, onde os fundamentos religiosos e políticos do judaísmo foram estabelecidos. Alguns judeus decidiram permanecer na Babilônia, formando assim a primeira diáspora judia.

A essa altura, os judeus haviam desenvolvido forte senso de identidade como povo escolhido por Deus Todo-Poderoso, o "Deus único e verdadeiro" que, conforme as Escrituras, apareceu para o pastor Abraão na primeira metade do segundo milênio a.C. Essa adoração a um único deus, conhecida como monoteísmo, influenciaria o cristianismo e o islamismo, que também partilham o mesmo ancestral: Abraão. Na Bíblia, Jesus é descendente de Abraão, enquanto na tradição muçulmana Abraão é o "Pai dos Profetas" e antepassado dos povos árabe e judeu.

Em 333, Alexandre, o Grande conquistou a Palestina. A partir de então a região teve diversos governos, entre eles os impérios romano, sassânida e bizantino. A presença dos judeus foi diminuindo na região, enquanto a Galileia se tornava o principal centro da religião judaica. No ano 636, os árabes conquistaram a Palestina, que permaneceu sob o controle muçulmano por 1.300 anos.

O Nascimento do Cristianismo

Por volta do ano 30, um carpinteiro judeu chamado Jesus, que vivia na Galileia, situada na Palestina judia (então província romana), começou a pregar sobre Deus, a quem todos deveriam obedecer. Seus ensinamentos se tornaram populares, e Jesus logo conseguiu muitos seguidores (12 dos quais, conhecidos como apóstolos, escolheu para difundir sua mensagem). Jesus falava de um deus compassivo e misericordioso, um deus de todos os homens e raças, para quem os princípios da caridade, da humildade e da sinceridade superavam os das cerimônias rituais.

Seus ensinamentos o colocaram em conflito com as autoridades, que o viam como subversivo político e social. Em Jerusalém, foi condenado à morte pelo Sinédrio, a mais alta corte judia, que o levou até Pôncio Pilatos, o governador romano, que determinou que Jesus fosse crucificado. Três dias após a crucificação, os seguidores de Jesus anunciaram que ele ressuscitara, o que justificou a crença de que ele era o Messias, ou Cristo ("O Ungido", em grego).

Ao longo dos dois séculos seguintes, seus ensinamentos, consagrados nos quatro evangelhos do Novo Testamento, se propagaram no mundo romano. Esse processo foi impulsionado em grande parte pelos textos de um antigo fabricante de tendas da Ásia Menor, mais tarde conhecido como São Paulo, que escreveu 13 dos 27 livros do Novo Testamento. Os imperadores romanos tentaram erradicar aquele novo e perigoso culto com perseguições generalizadas — principalmente sob o governo de Décio, em 250, e de Diocleciano, em 303-11.

Mas foi em vão. Por fim, em 313, o imperador Constantino promulgou um decreto de tolerância ao cristianismo. E a partir de 324 iniciou um processo para transformar o cristianismo na religião oficial do Império Romano (terminado em 381, no Concílio de Constantinopla). Subsequentemente, o cristianismo se difundiu na Europa e em outros continentes, tornando-se uma importante influência na formação da civilização ocidental.

O REINO DE CUCHE

O Reino de Cuche — o Estado africano mais importante da Antiguidade depois do Egito — surgiu nas terras altas da Núbia (hoje Sudão) e adquiriu tanto poder que dominou o Antigo Egito por mais de 100 anos.

Aproximadamente a partir do ano 2000, o reino foi em grande parte dominado pelo Egito, o vizinho do Nordeste, o que não impediu os cuchitas de desenvolver uma cultura rica e própria. Por volta do ano 1000, com o enfraquecimento da influência egípcia, os governantes cuchitas conseguiram uma independência nominal, e por volta de 800 surgiu um novo Reino de Cuche, com capital em Napata. Em 715, os cuchitas, sob a liderança dos reis Piye e Shabaka, conquistaram o Egito e derrubaram a dinastia egípcia reinante. Até 654 eles governaram o país como faraós, possivelmente a partir de Mênfis, sua nova capital. Então, uma invasão assíria lhes forçou a retirada para Cuche.

A civilização cuchita, entretanto, continuou a prosperar. Por volta de 591, a capital do país foi transferida para a cidade de Meroé, ao sul. Localizada na margem leste do Nilo e próxima ao mar Vermelho, a capital se tornou um centro de comércio — com destaque para os artigos de luxo produzidos localmente, confeccionados em ébano, ouro e marfim — e uma grande cidade, com templos e palácios. Meroé dispunha de ricos suprimentos de minério de ferro e madeira, o que propiciou o surgimento de uma das mais antigas indústrias de fundição de ferro da África. Os cuchitas estão também entre os primeiros povos a desenvolver uma escrita alfabética (ainda não decifrada).

No século III a.C., a civilização cuchita começou a declinar, provavelmente porque os recursos naturais se exauriram e ela perdeu postos de comércio no mar Vermelho para Axum, um reino vizinho (que em 350 d.C. acabou invadindo Cuche e destruindo Meroé).

A Era Cartaginesa

A cidade de Cartago, situada na costa da atual Tunísia e fundada pelos fenícios em 814 (pág. 21), cresceu rapidamente e se tornou uma das maiores cidades da costa norte-africana. Sua fundação é a base de várias lendas, em particular a que inspirou o poeta romano Virgílio em sua obra *Eneida*, na qual a rainha Dido, após fugir da cidade fenícia de Tiro, funda Cartago.

Por volta de 600, Cartago se libertou do controle fenício e tornou-se um importante centro mercantil, ligando o interior africano com o mundo mediterrâneo. Sua riqueza se baseava na navegação e no comércio, além da exploração de minas de prata no Norte da África e Sul da Espanha.

Os interesses de Cartago no Norte da África, na Espanha e na Sicília (onde estabeleceu colônias) acabaram lhe acarretando conflitos, primeiro com a Grécia, no século V, e depois com Roma, nas Guerras Púnicas, que se iniciaram em 264.

Na segunda Guerra Púnica (218-201) o exército de Cartago foi liderado pelo comandante da Espanha, Aníbal, que atravessou os Alpes com suas tropas e 40 elefantes em direção a Roma, em uma campanha que se tornou famosa. Sua maior vitória foi em Canas, no ano de 216, quando 60 mil soldados romanos foram mortos.

Aníbal, entretanto, não conseguiu destruir Roma. No final da terceira Guerra Púnica (146 a.C.), os romanos destruíram Cartago, que teve 200 mil de seus habitantes massacrados e os 50 mil restantes vendidos como escravos. Cartago foi reconstruída como cidade romana, e assim prosperou, tornando-se um dos maiores centros do cristianismo. Em 533 d.C., foi incorporada ao Império Bizantino, mas acabou sendo destruída pelos árabes em 705 d.C., substituída pela cidade de Túnis.

EXTREMO ORIENTE

O BUDISMO

A fé budista tem origem nos ensinamentos de Sidarta Gautama, nascido em 563 no Norte da Índia. Gautama provinha de família abastada, mas aos 29 anos decidiu renunciar às riquezas e viver como mendigo, de modo a poder procurar o verdadeiro sentido da vida. Em 528, sentado sob uma figueira,* ele encontrou a Iluminação. Desde então dedicou sua vida a ensinar aos outros o que havia aprendido.

---

* Essa figueira se tornou conhecida entre os budistas como a árvore *bodhi*, que significa "árvore da iluminação". (N.T.)

O tema central de seus ensinamentos (o darma) e do budismo postula que todos os fenômenos estão ligados por uma cadeia de dependência; que o sofrimento do mundo é causado pelo desejo egoísta; que alguém só se liberta do ciclo de renascimento caso siga o caminho do Buda, e que o objetivo da vida é alcançar o estado de "nirvana", literalmente a "extinção do desejo".

Sidarta Gautama tornou-se conhecido como o Buda ("o Iluminado"). Após sua morte, por volta de 482, vários monges difundiram seus ensinamentos no Norte da Índia. No século III a.C., Asoka, imperador indiano da dinastia Maurya (pág. 40), ajudou a levar o budismo até o Ceilão (Sri Lanka), no sul, e à Caxemira, no norte; enviou também missionários ao Sião (hoje Tailândia) e à Birmânia (hoje Mianmar), e ainda mandou construir vários monumentos e monastérios budistas.

Aproximadamente em 150 d.C., o comércio entre a Índia e a China levou monges maaianas* até a China, onde ministraram os ensinamentos do Buda. No século III d.C., textos fundamentais do budismo foram traduzidos para o chinês, e nos séculos IV e V, o budismo tornou-se a fé predominante na China. O budismo foi levado à Coreia no século IV e difundido no Japão entre os anos 550 e 600. Paralelamente, declinou na Índia, substituído em grande parte pelo hinduísmo.

---

* O maaiana é uma corrente do budismo que, entre outras coisas, rejeita o agnosticismo tradicional. (N.T.)

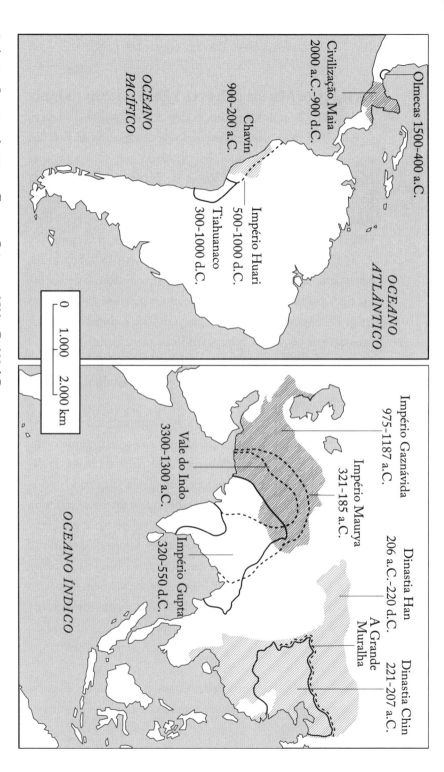

2 Antigos Impérios: Américas e Extremo Oriente, c. 3500 a.C.-900 d.C.

OS IMPÉRIOS MAURYA E GUPTA E A ERA DOURADA DA ÍNDIA

Importante e politicamente poderoso, o Império Maurya (c. 321-185) foi o primeiro exemplo de um sistema de Estados no subcontinente indiano. Foi fundado por Chandragupta Maurya, que conquistou o Reino de Nanda, no Nordeste da Índia, e, em 305, assumiu o controle de algumas províncias do Afeganistão e de grande parte do atual Paquistão, após uma vitória sobre Seleukos, ex-general de Alexandre, o Grande.

O filho de Maurya dominou a maior parte do Sul da Índia, e seu neto, Asoka, após conquistar o pequeno Reino de Kalinga, dedicou boa parte de seu reinado a promover o budismo (pág. 37). Após a morte de Asoka, em 232, o império se fragmentou em pequenos reinos, como os principados gregos do Punjab, em 170, e, em 50 d.C., o Império Kushana, no Norte da Índia. Este último acabou se tornando vassalo do Império Sassânida (pág. 32) em 240 d.C.

Em 320 d.C., Chandragupta I, governante do Reino de Magadha, aumentou seu império, que, sob os reis guptas subsequentes, cresceu até englobar a maior parte da Índia. A dinastia Gupta é frequentemente chamada de "Era de Ouro da Índia", pois foi um longo período em que a arte, a arquitetura e a literatura floresceram em um ambiente de paz e prosperidade. Templos e palácios deslumbrantes foram construídos e surgiu uma notável literatura em sânscrito, como as histórias épicas do *Mahabharata* e do *Ramayana*, fundamentais para o desenvolvimento do hinduísmo e até hoje recontadas e reencenadas no sudoeste da Ásia. Os guptas, ao que tudo indica, são também responsáveis pelo desenvolvimento do bramanismo como conceito teológico.

Além disso, os guptas inventaram o método de escrever números que é erroneamente chamado de arábico — os árabes

CAPÍTULO DOIS: O MUNDO ANTIGO

apenas o repassaram aos europeus —, o sistema numérico decimal e o conceito de zero. O Império Gupta acabou ruindo no século VI, em grande parte devido às invasões dos hunos, originários da Ásia central.

As Dinastias Chin e Han da China e Confúcio

Entre 485 e 221, a China encontrava-se dividida em diversos reinos e Estados, entre eles o de Zhou (pág. 25), que competiam entre si. Nesse contexto, surgiu o Reino de Chin (do qual se deriva o nome China), que em 221 formou o primeiro império unido da China.

O imperador Chin instituiu uma rígida forma de governo, e estabeleceu um sistema unificado de escrita, pesos e medidas. Preocupado com as tribos errantes do Norte, mandou edificar a Grande Muralha da China (interligando muralhas defensivas anteriores) e ordenou a confecção de estátuas em tamanho natural de todo um exército, o que se tornou conhecido como "o Exército de Terracota". A dinastia Chin só existiu até o ano 207, mas durante seu breve governo estabeleceu as fronteiras aproximadas e os sistemas administrativos básicos da China moderna.

A dinastia Han, que durou muito mais tempo (206 a.C.-220), consolidou firmemente a cultura chinesa (de modo que *han* se tornou a palavra chinesa para pessoas dessa etnia). As artes cênicas floresceram, assim como a pintura, a escultura e o desenho; grandes avanços foram feitos nos campos da ciência e da tecnologia. Muitas dessas inovações permaneceram por algum tempo desconhecidas do mundo ocidental, como o papel, o relógio de sol, o sismógrafo e a bússola. Os dirigentes Han estenderam as fronteiras visando incluir a Coreia e partes do Vietnã, e intensificaram os contatos com o mundo além-

-fronteiras, principalmente ao longo da estrada comercial de 6.500 km conhecida como Rota da Seda, através da qual os mercadores chineses transportavam tecidos de seda para o mundo ocidental, desde cerca do ano 100 d.C.

Os Han deram continuidade à forma de governo altamente centralizada dos Chin, embora seus líderes fossem ensinados a respeitar os ensinamentos do grande filósofo chinês Confúcio (*c.* 551-479). A ideologia confuciana enfatizava a moderação e a virtude acima do ganho individual e a possibilidade de se moldar o próprio destino, entre outras ideias corporificadas em um código social e uma filosofia influentes ainda hoje na China, Coreia, Japão e Vietnã. A partir de 189 d.C., o Império Han começou a ruir, subdividindo-se em governos regionais disputados por senhores da guerra.

EUROPA

Os Etruscos e a Fundação de Roma

Os etruscos eram habitantes da antiga Etrúria (que corresponde de forma aproximada à moderna Toscana, na Itália), cujas cidades-estado formavam uma frouxa aliança. A cultura etrusca se desenvolveu na Itália a partir de 800 a.C. Nos séculos VI e VII a.C., os etruscos dominavam grande parte da Itália central.

A origem dos etruscos permanece um mistério. Uma das teorias é a de que eles vieram da Ásia, em seguida ao colapso do Império Hitita. Os etruscos utilizavam um alfabeto derivado do grego, mas seu idioma ainda não foi decifrado. Ricos vestígios arqueológicos, no entanto, testemunham uma

CAPÍTULO DOIS: O MUNDO ANTIGO

forte tradição artística, que incluía impressionantes trabalhos em bronze e esculturas figurativas. Sua arte e arquitetura tiveram grande influência sobre Roma. Foram o primeiro povo a construir cidades inteiras com traçado ortogonal, e suas mulheres participavam livremente da vida pública. Eram também conhecidos por seu poder naval.

No final do século VI a.C., no entanto, os etruscos acabaram expulsos do sul da Itália central pelos gregos (que lá haviam estabelecido a Magna Grécia), juntamente com as antigas tribos indo-europeias dos latinos e samnitas.

A cidade de Roma — fundada em 753 a.C., de acordo com a tradição romana — foi estabelecida por diversas comunidades, inclusive etruscos e latinos. Rômulo, seu primeiro rei e fundador, foi sucedido por seis reis que eram tanto de origem latina quanto etrusca. Segundo a lenda, em 509 a.C. o tirânico governo de Tarquínio, o Soberbo, que era etrusco, levou a população de Roma a expulsá-lo da cidade. Após esse fato, os romanos instauraram uma república.

Em 474 a.C., a armada da Etrúria foi derrotada por uma coalizão de cidades da Magna Grécia, na Batalha de Cumas. A partir de então a civilização etrusca começou a sofrer um longo declínio, até ser finalmente anexada pela república romana, em meados do século III a.C.

A Grécia Antiga e o Nascimento da Democracia

Os anos obscuros que se seguiram à queda da civilização miceniana acabaram levando ao surgimento de poderosas cidades-estado na Grécia. As realizações científicas e culturais da Grécia antiga iriam se difundir por um vasto território, influenciando profundamente o Império Romano e a civilização ocidental (ver a seguir).

No início de 730 a.C., as cidades gregas começaram a se desenvolver, assim como seu comércio marítimo e a produção agrícola. Isso foi propiciado, em parte, pelo Império Assírio (pág. 20), cada vez mais poderoso e ávido por produtos importados. Foi assim que as cidades gregas se transformaram em cidades-estado, com Atenas, Esparta, Corinto e Tebas despontando como as mais poderosas no Período Arcaico (650-480). Frequentemente em guerra, essas cidades-estado se encontravam pacificamente de quatro em quatro anos no mais prestigioso evento esportivo da Grécia: os Jogos Olímpicos. O aumento do comércio deu origem a um sistema flexível de escrita (que adaptou e aprimorou o alfabeto fenício) e a uma alfabetização generalizada. O Período Arcaico da Grécia assistiu à criação dos poemas épicos de Homero, *Ilíada* e *Odisseia*, ao desenvolvimento da teoria matemática de Pitágoras e ao estabelecimento de colônias gregas e centros de comércio em terras distantes, como o Egito, Bizâncio e Siracusa, na Sicília.

O Período Clássico (*c.* 480-336) é conhecido como a época mais importante da história grega. Constituída por algumas centenas de cidades-estado, a Grécia era governada pela mais poderosa delas, Atenas. Durante esse período, os gregos repeliram as tentativas dos persas de anexar seu território, como na famosa Batalha de Maratona, no ano 490 (pág. 30). Em celebração à vitória grega foi construído o Partenon. No século V, Atenas repeliu com sucesso uma invasão espartana; em seguida, em uma tentativa de evitar um governo tirânico por parte de ricos proprietários de terras da região, a população ateniense instituiu a primeira democracia do mundo (a palavra democracia vem do grego *demokratía*, "governo do povo"), na qual todos os cidadãos tinham direitos iguais — exceto mulheres, escravos, crianças e estrangeiros, que perfaziam 85 a 90% da população.

A Guerra do Peloponeso, travada entre Atenas e Esparta de 431 a 404, terminou com a vitória de Esparta, que se tornou a força dominante na região. Atenas jamais recuperou sua antiga prosperidade. No ano 411, a democracia ateniense foi derrubada.

ALEXANDRE, O GRANDE E O PERÍODO HELENISTA

Em 339, a conquista da Grécia por Filipe II, da Macedônia (um reino vizinho governado por uma aristocracia militar), marcou o início do que iria se tornar o Período Helenista da Grécia (*c.* 323-30).

Soldado excepcional, Filipe II revolucionou as operações militares na Grécia mediante a utilização da cavalaria e de técnicas de cerco (usadas somente pela Assíria). Filipe foi assassinado em 336, e seu sonho de conquistar o Império Persa continuou com seu filho de 21 anos, Alexandre III — aluno de Aristóteles, o grande filósofo macedônio —, que mais tarde seria conhecido como Alexandre, o Grande. Herdando o excelente exército de seu pai, Alexandre iniciou uma campanha que durou 11 anos, e criou o maior império que o mundo já vira, firmando-se como um dos maiores gênios militares da história.

Após assumir o trono, invadiu a Pérsia e derrotou o rei Dario na Batalha de Isso, em 333 (libertando as cidades gregas da Anatólia). Depois controlou a Síria, destruiu a cidade fenícia de Tiro e conquistou terras longínquas, como o Egito e o noroeste da Índia. O idioma e a cultura gregas se difundiram simultaneamente nesses vastos territórios. No Egito, Alexandria (fundada por Alexandre em 332) e Antioquia, na

Síria, transformaram-se em dois grandes centros de difusão da cultura helênica, enquanto a influência das cidades-estado gregas entrava em declínio.

Após sua morte, em 323, grande parte do império foi dividida em reinos, cada um governado por um general macedônio, entre eles Ptolomeu (que governou de 323 a 285), cuja dinastia no Egito durou quase 300 anos, até o país ser anexado por Roma (pág. 16) no ano 30 a.c., e Seleuco (que governou de 312 a 281), cujos descendentes governaram da Trácia às fronteiras da Índia até meados do século II a.C., quando foram expulsos pelos partas (pág. 30).

A República Romana

No ano 509, os nobres de Roma transformaram o reino em uma república governada por dois cônsules eleitos por um senado (pág. 43). A civilização que surgiria dessa antiga cidade — suas realizações culturais, linguísticas e tecnológicas — duraria por mais de mil anos e, a certa altura, incluiria grande parte da Europa, o Norte da África e o Oriente Médio.

Nos séculos que se seguiram a 509, Roma foi se tornando mais poderosa. Em 272, após derrotar os etruscos, os samnitas e os colonos gregos da Itália (e de construir a Via Ápia, uma de suas estradas mais famosas), assegurou o domínio da península Itálica. Conflitos com Cartago deflagraram as Guerras Púnicas (264-146), nas quais despontou o general cartaginês Aníbal (pág. 37). Em 146, entretanto, os romanos destruíram Cartago e se apoderaram de diversos territórios da Sicília, Espanha e do Norte da África. Depois, com as quatro Guerras Macedônicas, estenderam seu poder até a Macedônia, Grécia e partes da Anatólia. Porém, os poderosos partas, na Pérsia, bloquearam sua expansão a leste.

CAPÍTULO DOIS: O MUNDO ANTIGO

Entre 58 e 50, o general romano Júlio César conquistou toda a Gália. Seus sucessos militares residiam menos em sua cavalaria e armamentos que em suas táticas, disciplina e engenharia militar. Após um período de guerra civil em Roma, César declarou-se ditador vitalício da república. A reação dos senadores foi esfaqueá-lo publicamente até a morte, em 44. Tal fato deu início a um acirramento da briga pelo poder, até que Otaviano, filho adotivo de Júlio César, derrotou o general Marco Antônio e a rainha Cleópatra na Batalha de Áccio, em 31 (anexando o Egito). Em 27, Otaviano forçou o Senado a agraciá-lo com um novo nome, Augusto — que significa majestoso, venerável. Com a república agora morta, Augusto governou Roma (27 a.C.-14 d.C.) como seu primeiro imperador.

O IMPÉRIO ROMANO

A implantação do império trouxe paz e estabilidade a Roma. Milhares de soldados romanos guardavam suas fronteiras, enquanto imperadores e administradores construíam estradas e grandes cidades, servidas por elaborados sistemas de água e esgoto. O sistema jurídico e administrativo e um idioma comum (latim no Oeste e, mais tarde, grego no Leste) mantinham a unidade territorial. O comércio e a influência de Roma iam muito além das fronteiras do império, alcançando a Índia, a Rússia, a Ásia e, através da Rota da Seda, a China.

Os imperadores romanos diferiam em capacidade. Cláudio (41-54) conquistou a Grã-Bretanha em 43; Nero (54-68) foi um tirano cruel, que ordenou a queima de cristãos. Trajano (98-117) expandiu o império até seu tamanho máximo; Adriano (117-138) limitou uma expansão maior, construindo uma muralha com seu nome, no Norte da Grã-Bretanha. Em

286, com propósitos administrativos, o imperador Diocleciano dividiu o império em duas partes: a oriental e a ocidental (que deveriam, porém, ser consideradas como partes de um todo indivisível). Em 324, o imperador Constantino reunificou o império, estabeleceu a cidade de Bizâncio como sua capital e a renomeou como Constantinopla, fundando assim o Império Bizantino (pág. 60).

No final, o próprio tamanho do império acarretou sua queda. A partir do ano 180, Roma entrou em um período de instabilidade, e suas tropas começaram a enfrentar uma crescente oposição na Europa e na Ásia (notavelmente em 260, quando o Império Sassânida derrotou e aprisionou o imperador Valeriano na Batalha de Edessa). Em 396, o império foi novamente dividido em dois, com a metade leste cada vez mais enfraquecida por batalhas contra invasores oriundos da Europa central. No século V, tribos germânicas cruzaram o rio Reno e penetraram o império, saqueando Roma três vezes. O Império Romano do Ocidente desmoronou finalmente em 476, em seguida à abdicação de Rômulo Augusto, último imperador romano.

Os Celtas

Os celtas eram tribos indo-europeias que por volta do ano 500 a.C. habitavam o sudoeste da Alemanha, o nordeste da França (onde eram conhecidos como gauleses) e a Boêmia. Cavaleiros e metalúrgicos habilidosos, os celtas devem ter vivido originalmente na região do mar Cáspio. Os mais antigos registros arqueológicos que se conhecem dos celtas — túmulos de chefes em Hallstatt, Áustria — datam de 700 a.C.

Escavações arqueológicas revelaram que os celtas formaram uma das primeiras culturas da Idade do Ferro na Europa,

CAPÍTULO DOIS: O MUNDO ANTIGO

e que comerciavam com a Grécia antiga e a Etrúria. Por volta de 400 a.C., tribos celtas entraram na Itália, estabelecendo-se no vale do rio Pó e saqueando Roma em 390. Ao mesmo tempo, outras tribos celtas rumavam para o sul, invadindo a França e a Espanha. A leste, penetraram a Anatólia (onde fundaram a Galácia), e a oeste, as Ilhas Britânicas. Entre meados do século V e o século I, o povo celta provavelmente atingiu o ápice de seu poder, com destaque para o estilo característico da cultura La Tène (padrões geométricos e desenhos estilizados de animais), presente em grande parte de suas joias e utensílios de metal.

Os celtas, em sua maior parte, eram povos agrícolas que desenvolveram o arado puxado a bois em vez do equipamento manual, e cujos ritos religiosos eram conduzidos por sacerdotes, os druidas. Viviam em aldeias bem defendidas e fortalezas no alto de colinas. Não tinham, no entanto, um sistema de escrita nem coesão política. Assim, legiões romanas altamente treinadas e tribos germânicas acabaram por sobrepujá-los. Bolsões de cultura e língua celta sobreviveram apenas nas fímbrias da Europa: Bretanha, País de Gales, Escócia, Irlanda e Ilha de Man (o bretão, o galês, o gaélico escocês e o gaélico irlandês são línguas celtas).

AS AMÉRICAS

Culturas Peruanas

Os paracas, cuja cultura estava relacionada à civilização chavín (pág. 27), floresceram de 900 a 400, aproximadamente, na península desértica ao norte de Lima. Muito do que sabemos sobre os paracas provém das escavações feitas na década de

1920 em Cerro Colorado, que revelaram túmulos em forma de poços, cada um contendo inúmeros corpos embrulhados em tecidos de textura intrincada. Esses túmulos revelam que os paracas seguiam elaborados ritos de sepultamento e mumificação, depositando cerâmicas e outras oferendas ao lado de seus mortos, e possivelmente secando ou defumando os corpos para preservá-los.

De 100 a 800, outra civilização, conhecida como moche, surgiu mais ao norte, em Sipán, na costa peruana. Os moches se destacavam por seus objetos de cerâmica detalhadamente pintados (e por produzi-los, pela primeira vez, através de moldes, permitindo assim a produção em massa de alguns tipos), por sua metalurgia e as monumentais construções em forma de pirâmides, conhecidas por *huacas*. A maior era a *Huaca del Sol*, que com 40 metros de altura foi a maior construção pré--colombiana no Peru. Os moches, que tinham sua cultura baseada na agricultura, desenvolveram sofisticadas técnicas de irrigação e introduziram o uso do guano (excrementos de aves) como fertilizante.

Outras Culturas nas Américas

Na América do Norte, prevalecia a vida nômade, característica da Idade da Pedra, embora por volta do ano 500 a.C. surgissem novos métodos de agricultura, notadamente no vale do rio Ohio. Nessa região, os povos de cultura adena, que subsistiam em grande parte como caçadores-coletores, passaram a cultivar algumas plantas locais, como o girassol, abóbora e tabaco, usado em cerimônias. Costumavam erguer grandes montes de terra para enterrar seus mortos. Erguiam os montes também no formato de animais; alguns deles, como o Monte da Serpente, no sul de Ohio, perduram até hoje.

CAPÍTULO DOIS: O MUNDO ANTIGO

Por volta do ano 200 d.C., os índios conhecidos como *mogollon*, que viviam nas montanhas a sudeste do Arizona e no sudoeste do Novo México, começaram a produzir objetos de cerâmica muito bem-feitos e ricamente pintados. Viviam em pequenos *pueblos* com casas semienterradas e, assim como os adenas, obtinham alimentos por meio da caça e da coleta. Suas pequenas comunidades duraram até 1450, aproximadamente.

Mais ao sul, no México, por volta do século VIII, a cidade hoje conhecida como Monte Albán foi uma das primeiras da América Central. Situada no alto de uma colina do estado de Oaxaca, surgiu como centro da antiga cultura zapoteca. Abrigava grandes praças, passagens subterrâneas, quadras para jogos com bolas e elaboradas sepulturas. Atingiu o apogeu entre os anos 400 e 500, mas foi abandonada por volta de 750.

A Idade Média

450 — 1066

ORIENTE MÉDIO E ÁFRICA

Axum, o Império de Gana e a Migração dos Bantos
O reino africano de Cuche (pág. 35) foi derrotado no ano 300 pelo grande império comercial de Axum, localizado no Nordeste do continente, entre o mar Vermelho e o Nilo (Axum é hoje uma cidade da moderna Etiópia). Convertido ao cristianismo no século IV d.C., o Império de Axum, que a certa altura englobava algumas cidades ricas, permaneceu como importante centro comercial até o final dos anos 600, quando então começa a perder competitividade no comércio mediterrâneo com a crescente influência dos árabes islâmicos. Axum é mais conhecida por sua arquitetura, particularmente seus 126 enormes obeliscos, que chegam a 34 metros de altura.

Outra nação africana (a mais antiga registrada pelos árabes) foi o Império de Gana, na África Ocidental, que surgiu no século VIII. Sem qualquer relação com a moderna Gana e situado em uma área hoje ocupada em parte pelo Mali e pelo sudeste da Mauritânia, esse império foi um importante

CAPÍTULO TRÊS: A IDADE MÉDIA

centro para o comércio de ouro, que era obtido no sul e trocado com mercadores árabes por diversas mercadorias, inclusive sal. Gana declinou nos anos 1000, com a ascensão dos almorávidas muçulmanos (pág. 75).

A história antiga da África mais ao sul não é bem documentada, embora se acredite que o idioma e a agricultura de povos de língua banto do Leste da Nigéria tenham se espalhado para o sul durante o início da era cristã na Europa, substituindo a caça e a coleta praticadas pelos primeiros habitantes da região. Por volta do século VIII, cidades na costa oriental da África, ligadas a reinos no interior do continente, foram estabelecidas por povos falantes do que os árabes, mais tarde, chamaram de suaíli (termo derivado da palavra árabe para "da costa").

O Nascimento do Islamismo

No ano 610, Maomé, um mercador árabe que vivia em Meca, teve uma visão na qual foi instruído a proclamar a grandeza de Alá, Deus Todo-Poderoso. Ao fazer sua pregação, atraiu muitos seguidores, embora as autoridades de Meca o vissem como um perigoso inimigo. A fuga de Maomé de homens que pretendiam assassiná-lo, em 16 de julho de 622, é conhecida como Migração — ou Hégira —, e o calendário islâmico tem início a partir dessa data. Os ensinamentos de Maomé, conhecidos como islamismo (que significa "prática da rendição", pois os crentes se rendem à vontade de Alá), foram mais tarde compilados em um livro chamado Corão. Retornando a Meca com um grande exército de seguidores, Maomé conquistou a cidade e, mais tarde, pregou a mensagem do islamismo para cerca de 40 mil peregrinos, ocasião em que os conclamou a rezar cinco vezes por dia, voltados para Meca.

Sua mensagem se difundiu rapidamente, e quando morreu, em 632, a maior parte da península Arábica estava sob o domínio islâmico.

A nova fé foi levada para fora da península Arábica pelo padrasto de Maomé, Abu Bakr (conhecido como "califa", que significa sucessor ou representante), e pelo califa Omar, chegando à Palestina, à Pérsia sassânida e ao Egito. Mais tarde, exércitos árabes conquistaram todo o Norte da África e grandes regiões da Ásia (incluindo o Oeste da Índia). A partir de 670, tentaram repetidamente conquistar Constantinopla, sem sucesso. Chipre e Sicília, no entanto, caíram sob o domínio islâmico, assim como a Espanha (antes dominada pelos visigodos). O avanço dos árabes em terras europeias foi finalmente interrompido pelo líder franco Carlos Martel, que os derrotou em 732 na Batalha de Poitiers.

No ano 751, o grande Império Islâmico já se estendia da fronteira da Espanha com a França até a China (seguindo o sentido sudoeste), e as cidades sagradas de Meca e Medina haviam se tornado centros de uma sofisticada cultura árabe e da religião muçulmana.

O CALIFADO ABÁSSIDA

Durante a conquista islâmica, foram estabelecidas diversas dinastias, notadamente a omíada, cuja capital, Damasco, na Síria, tornou-se o centro do Império Islâmico. Em 750, descendentes do tio do profeta Maomé, conhecidos como abássidas,* derrubaram a dinastia omíada e, em 762, mudaram a capital para Bagdá, no Iraque. (Os omíadas fugiram para a Espanha — chamada pelos islâmicos de Al-Andalus

---

* O tio de Maomé se chamava Abbas. (N.T.)

CAPÍTULO TRÊS: A IDADE MÉDIA

— e em 756 se estabeleceram no califado de Córdoba, onde fundaram uma dinastia.) Os abássidas estavam mais interessados no Leste — Iraque, Pérsia, Índia e Ásia central — do que no Norte da África e no Mediterrâneo; assim, Bagdá tornou-se o próspero centro cultural, social e comercial de um enorme império.

Entre 750 e 833, os abássidas aumentaram o prestígio e o poder do império, notadamente sob seu quinto califa, Harun al-Rashid, cujo governo, entre 786 e 809, iniciou o que foi chamado de "era dourada do islamismo". A reputação de Harun al-Rashid (que alguns consideram exagerada) resulta em grande parte da obra-prima literária *As Mil e Uma Noites*, inspirada na luxuosa corte desse califa. Seu filho, al-Mamun (governou de 813 a 833), saiu-se melhor no que se refere a sufocar rebeliões no império e guerrear contra os bizantinos. Também construiu observatórios para o estudo da astronomia e promoveu a tradução de obras científicas e filosóficas gregas, o que muito contribuiu para o renascimento dos estudos clássicos na Europa.

Essa revitalização no ensino, que absorveu também os conhecimentos e as experiências da Índia, da Pérsia e da China, propiciou grandes avanços nas artes, ciências, leis, medicina e agricultura do império. Os numerais arábicos, com base nos indianos, são agora usados comumente no mundo, assim como o papel, invenção chinesa aperfeiçoada pelos árabes. Outras realizações islâmicas incluem o desenvolvimento da trigonometria e avanços na óptica, na matemática e na astronomia.

O CALIFADO FATÍMIDA

O califado fatímida foi fundado no ano 909, na Tunísia, por Abdullah al-Mahdi. Muçulmano xiita, ele alegava ser descendente da irmã de Maomé, Fátima (cujos descendentes, de acordo com os xiitas, são os únicos sucessores de Maomé, em contraposição aos sunitas, segundo os quais qualquer seguidor do islamismo tem direito à sucessão). Rivalizando com o califado sunita da dinastia abássida, a influência fatímida logo se estendeu por todo o Magreb central (área que hoje abrange o Marrocos, a Tunísia, a Argélia e a Líbia), irradiando-se a partir de Mahdia, na Tunísia, a recém-construída capital fatímida.

No final do século X, os fatímidas, com a ajuda dos berberes, um povo montanhês, conquistaram o Egito, onde em 969 construíram uma nova capital, al-Qahirah (Cairo). Lá ergueram a mesquita de Al-Azhar, que se transformou em uma universidade e, juntamente com a Biblioteca do Cairo, fez da cidade um grande centro de cultura. Os fatímidas eram também conhecidos por seus finos objetos de vidro, metal e cerâmica, assim como por sua arquitetura — boa parte da qual ainda pode ser vista no Cairo. Em seu apogeu (em torno do ano 969), o califado fatímida, centralizado no Egito, governou um império que englobava o Norte da África, a Sicília, a Palestina, a Jordânia, o Líbano, a Síria, o Iêmen e partes da Arábia Saudita, incluindo Meca e Medina.

Em 1057, um califado fatímida foi brevemente proclamado em Bagdá. Mas a dinastia não demorou a entrar em declínio, quando perdeu o controle de seus territórios no Levante e em partes da Síria, devido a invasões turcas e às Cruzadas. Disputas relativas a sucessões acarretaram seu colapso em 1171, quando sucumbiu ante o califado sunita dos aiúbidas, liderado pelo lendário curdo Saladino (pág. 81).

EXTREMO ORIENTE

A Era Dourada da China

A dinastia Tang (618-907) e a curta dinastia Sui, que a precedeu (589-618), seguiram-se a quase quatro séculos de guerra civil na China. Durante esse período, os hunos e os turcos invadiram o Norte do país (entre 317 e 589), e o budismo se difundiu entre seus diversos reinos.

Os anos da dinastia Tang foram relativamente estáveis, com um sistema de governo em que os imperadores preferiam usar funcionários leais e treinados a nobres indisciplinados. Changan, sua capital (hoje Xian), abrigava cerca de 1 milhão de habitantes, população urbana que excedia amplamente qualquer outra no mundo. Seus grandes exércitos, abastecidos de soldados provenientes da enorme população chinesa — em torno de 50 milhões de pessoas, na época —, conseguiram dominar muitos povos nômades da Ásia central e conquistaram ou subjugaram diversas regiões vizinhas, conferindo à dinastia Tang enorme influência cultural sobre a Coreia, o Japão, o Sudeste da Ásia e o Tibete.

Os Tang também reabriram a lucrativa Rota da Seda, o que proporcionou à China acesso à Pérsia, ao Oriente Médio, à Índia e à Ásia central. Suas áreas urbanas, em particular Changan, absorveram boa parte da influência cultural estrangeira e se tornaram centros cosmopolitas de comércio e manufatura. A literatura e as artes também floresceram, principalmente a poesia lírica, a cerâmica (com o surgimento da porcelana) e a escultura. A impressão por meio de blocos de madeira também foi introduzida durante a dinastia Tang, assim como a utilização de tipos móveis, o que ensejou a produção de livros impressos na China séculos antes de qualquer outro lugar no mundo.

No século VIII, a dinastia começou a enfraquecer (processo iniciado no ano 751, quando forças chinesas foram derrotadas por exércitos árabes, e em 763, quando forças tibetanas ocuparam Changan). Do início do século X até 960, a China se viu de novo dividida em pequenos Estados até a dinastia Sung assumir o poder, que manteve até o século XIII.

AS REFORMAS TAIKA NO JAPÃO

Imperadores governavam o Japão havia muitos séculos — desde o V a.C., segundo as tradições japonesas, quando o clã Yamato, oriundo do centro-sul da ilha de Honshu (nas cercanias da atual cidade de Quioto), estabeleceu seu poder e, um tanto frouxamente, controlou grande parte do território.

A partir do século V d.C., a China começou a exercer grande influência no país, o que teve impacto no sistema de governo, na religião, na arquitetura e nas práticas culturais. Os ensinamentos budistas, levados ao Japão por monges chineses e adotados como religião oficial em 538, assinalaram uma mudança na sociedade japonesa. Entretanto, a antiga religião japonesa, o xintoísmo, baseada na adoração da natureza, nos espíritos e no culto aos ancestrais (e através do clã Yamato associada a Amaterasu, deusa do sol), não foi destruída, coexistindo no Japão lado a lado com o budismo.

No século VII, o príncipe Shotoku Taishi (governou de 572 a 622) inaugurou um sistema centralizado de governo influenciado pela dinastia Sui da China. Em 640, o imperador Kotoku implantou reformas adicionais (conhecidas como "Taika") destinadas, especificamente, a organizar o governo em bases chinesas. Tais reformas estabeleceram um serviço civil centralizado para intensificar o poder da corte imperial. A nova capital, em Nara, construída no início do século VIII, seguiu também um modelo chinês, a cidade de Changan, capital da China. A influência cultural chinesa foi sentida em todos os níveis: os japoneses adotaram uma forma modificada de chinês como língua oficial e até os típicos quimonos japoneses, acredita-se, foram concebidos nos moldes das vestimentas adotadas pela dinastia Tang.

Em 784, o imperador Kammu mudou a capital para Heian (atual Quioto), de onde os integrantes do clã Fujiwara governaram como regentes civis até cerca do ano 1000, enquanto a família imperial se retirava para o isolamento.

O Império Gaznávida

Em 977, um ex-escravo turco chamado Sebuk Tigin tornou-se governador da cidade de Ghazna (hoje Ghazni, no Afeganistão), na época sob o controle do Império Samânida da Pérsia. Mais tarde, Sebuk Tigin renegou o controle samânida e, juntamente com seu filho e sucessor, estendeu seu domínio sobre grande parte do que é hoje o Afeganistão.

Em 998, Mahmud, o filho mais velho de Sebuk Tigin, e o mais destacado dos dirigentes gaznávidas, obteve novas conquistas, capturando as cidades persas de Ray e Hamadã e expandindo o império — que se estendeu do mar Cáspio, a oeste, até o Norte da Índia, a leste. Atribui-se a Mahmud muitas incursões à Índia, onde saqueou templos e palácios, e massacrou vidas (50 mil indianos em apenas uma das investidas). Os despojos enriqueceram Ghazna, cujos visitantes se maravilhavam com seus prédios ornamentados, as bibliotecas e a corte suntuosa.

Como se tratava de uma dinastia islâmica (os gaznávidas haviam se afastado do paganismo de suas origens turcas), Mahmud levou o islamismo a novas fronteiras, incluindo a Índia. Após sua morte, no ano 1030, o império começou a se fragmentar, devido principalmente ao crescente poder dos turcos seljúcidas (pág. 79). Com o império se contraindo, os gaznávidas mudaram sua capital para Lahore, no Punjab, continuando poderosos no noroeste da Índia até 1186, quando os gúridas (uma dinastia proveniente do centro do Afeganistão) tomaram Lahore e incendiaram completamente a cidade de Ghazna.

EUROPA

O IMPÉRIO BIZANTINO

Enquanto invasores bárbaros devastavam o Império Romano do Ocidente (pág. 47), o Império Romano do Oriente e sua capital, Constantinopla (hoje Istambul), prosperavam. Seu primeiro imperador, Constantino (governou de 324 a 337), promovera a tolerância religiosa e fizera do cristianismo a religião oficial do império.

Situada entre a Europa e a Ásia, Constantinopla havia se tornado um eixo de comércio entre os dois continentes. Isso trouxe grande riqueza para a cidade, que se tornou famosa por sua arte e luxuosa arquitetura. Tesouros de todo o mundo adornavam seus prédios. As culturas grega e romana foram preservadas — da literatura às leis —, e o cristianismo se manteve como o centro da vida bizantina.

CAPÍTULO TRÊS: A IDADE MÉDIA

Teodósio II (408-50) e Anastácio (491-518) melhoraram as finanças assim como as defesas da capital, construindo enormes torres e fortificando muralhas. Em 527, Justiniano I reconstruiu grande parte da capital e, determinado a reunir o Leste e o Oeste em um vasto domínio cristão, expandiu o império, conquistando o Norte da África e partes da Itália. Também compilou e codificou as leis de Roma, que ainda formam em parte a base do direito europeu. Quando Justiniano morreu, em 565, o Império Bizantino se estendia da Espanha à Pérsia.

No século VII, árabes muçulmanos invadiram a Pérsia, o Oriente Médio, o Norte da África e a Espanha. Entre 674 e 678, sitiaram Constantinopla por terra e mar, mas não conseguiram tomá-la. Nos séculos VIII e IX, uma desunião religiosa — com respeito à veneração de ícones religiosos, principalmente — enfraqueceu o império. Depois, em 1504, diferenças teológicas entre Constantinopla e Roma provocaram o Cisma Ocidente-Oriente (pág. 69). O Império Bizantino ruiu finalmente em 1453, quando Constantinopla foi capturada pelos turcos otomanos (pág. 82).

MIGRAÇÕES BÁRBARAS

Por volta de 350, "hordas bárbaras" — que incluíam as tribos indo-europeias dos godos e dos vândalos, oriundas das regiões do Baixo Danúbio e do mar Negro — penetraram a Europa Ocidental em busca de novas terras e riquezas. Mudanças climáticas e um aumento na população os impeliram a migrar para oeste; outro motivo foi a invasão de seus territórios pelos hunos, nômades temíveis que provinham da Ásia central e que haviam conquistado grandes áreas entre o Reno e o mar Cáspio.

Os ataques dos povos bárbaros ensejaram três vezes o saque de Roma: primeiramente pelos gauleses, em 387, depois pelos visigodos (godos originários da Dácia, região hoje situada na Romênia), em 410, e finalmente pelos vândalos, em 455 — que permaneceram na cidade duas semanas e pilharam muitas obras de arte. Tais invasões acabaram provocando o colapso do Império Romano na Europa Ocidental. Esses distúrbios propiciaram o aparecimento de novos domínios, como o reino franco, na França (pág. 65), e a fixação na Inglaterra de anglos, saxões e jutos, vindos da Alemanha e da península da Jutlândia.* Os hunos, que haviam assolado a Gália e a Itália, desapareceram do cenário europeu após a derrota e posterior morte de Átila, seu grande líder, ocorrida em 453.

No século seguinte, os bizantinos (pág. 60) subjugaram tanto os vândalos, no Norte da África, quanto os ostrogodos (godos da área do mar Negro), que haviam se estabelecido na Itália. Os visigodos, que haviam ocupado grande parte da Espanha, foram derrotados pelos francos, em 507; depois, no século VIII, foram absorvidos pelos invasores muçulmanos. A tribo germânica dos lombardos, que havia se estabelecido nas planícies húngaras, invadiu e ocupou a Itália em 568. O reino lombardo permaneceu independente até os francos entrarem na península Itálica, em 773.

O Crescimento do Cristianismo

O turbulento período de invasões bárbaras foi acompanhado, na Europa Ocidental, por uma difusão gradual do cristianismo. Por volta do ano 500, Bento de Núrsia, que após sua morte

---

* Hoje dividida entre a Dinamarca e o extremo norte da Alemanha. (N.T.)

CAPÍTULO TRÊS: A IDADE MÉDIA 63

veio a ser beatificado, formou uma comunidade monástica na qual os monges dedicavam suas vidas ao cristianismo e viviam conforme um estrito conjunto de normas (a Regra de São Bento). No início do século VI, a Irlanda já era majoritariamente cristã, graças ao zelo missionário de São Patrício no século anterior. E no final do século VII, o cristianismo havia se difundido na Grã-Bretanha, fomentado em parte pela chegada à Inglaterra de Santo Agostinho de Cantuária (por ordem do papa Gregório, o Grande), de São Columba à Escócia e de São Davi ao País de Gales.

Monges começaram a viajar pela Gália e pela Alemanha, convertendo aos poucos a população germânica, que antes adorava seus próprios deuses. Mosteiros recém-construídos se transformaram em importantes centros de ensino e manufatura, educando os jovens que viviam nas cercanias, copiando e preservando antigos textos gregos e latinos, criando lindos manuscritos decorados com iluminuras, produzindo finos objetos de ouro e prata, cultivando a terra ao redor, oferecendo abrigo para os viajantes e proporcionando cuidados aos doentes. Os monges também agiam como conselheiros dos líderes cristãos do reino franco, que se expandia pela Europa Ocidental e central (atingindo o ápice sob Carlos Magno — pág. 65) e consolidava o estabelecimento do cristianismo.

No ano 800, a Europa Ocidental era totalmente governada por reis cristãos. As atividades missionárias (em sua maior parte iniciadas pela Igreja bizantina) se concentravam na Europa Oriental e central, cristianizando a população eslava no século IX e difundindo o cristianismo na Rússia no final da década de 980 (pág. 68).

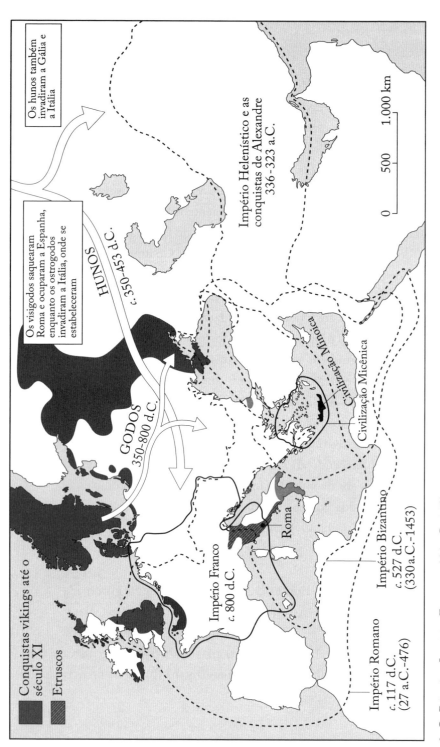

3 Os Primeiros Impérios Europeus, 336 a.C.-1453.

O Império Franco e Carlos Magno

Os francos constituíam uma sociedade guerreira, com base no que é hoje a Bélgica. Um de seus grupos se mudou para a Gália, onde estabeleceu a dinastia merovíngia. Na formação da Europa Ocidental, os francos teriam influência maior que qualquer outro povo bárbaro.

Um de seus líderes mais poderosos, Clóvis, que se tornara governante dos francos ocidentais em 481 e se convertera ao cristianismo, submeteu ao seu domínio a maior parte do que hoje é a França e metade da Alemanha. Gradativamente, a dinastia merovíngia consolidou sua influência sobre os reinos vizinhos — de modo que, ao final do século VIII, os francos dominavam grande parte da Europa Ocidental.

Em 732, exércitos árabes penetraram a França através da Espanha, mas foram derrotados na Batalha de Poitiers pelo líder franco Carlos Martel, livrando a França e a maior parte da Europa Ocidental da dominação árabe. Em 768, Carlos Magno, neto de Carlos Martel, subiu ao trono do Império Franco (também chamado Império Carolíngio). Em seu zelo para cristianizar a Europa — bem como para defender e enriquecer seus domínios —, Carlos Magno tratou de estender seu império, que passou a englobar parte da Espanha, da Alemanha e uma grande porção da Itália. A leste, obteve retumbante vitória sobre os ávaros (guerreiros asiáticos semelhantes aos hunos), subjugando também alguns eslavos.

Depois que ajudou a expulsar os lombardos da Itália e a devolver ao papado as terras que ocupavam, o papa Leão III o convidou a ir até Roma, onde o coroou imperador do Sacro Império Romano no Dia de Natal do ano 800. Esse evento

inaugurou o que viria a se tornar o Sacro Império Romano-
-Germânico, uma união de territórios do centro da Europa
que constituiu importante força motriz por trás das Cruzadas
(págs. 80-1).

Homem de boa escolaridade, Carlos Magno aprimorou o
sistema jurídico, encorajou a educação escolar e promoveu as
artes (o que impulsionou um renascimento artístico em sua
corte, conhecido como a Renascença Carolíngia). Quando
morreu, em 814, o império foi dividido em três reinos separa-
dos — França, Itália e Alemanha —, governados por três de
seus netos e acabou se desagregando.

Os Vikings

Os vikings eram descendentes dos bárbaros que haviam se
estabelecido na Escandinávia durante o período migrató-
rio. Do século VIII ao XI, essa temível tribo de mercadores
e piratas (cujos mais ferozes integrantes eram conhecidos
como "os possessos") iniciou um extraordinário período de
expansão, atacando, com seus longos navios, o litoral da
Europa até Gibraltar. Em busca de novas terras e mercados,
navegavam também enormes distâncias por mares desco-
nhecidos.

No século XI, sucessivas incursões vikings na costa britânicas foram combatidas pelos reis Kenneth MacAlpin, de Dal-
riada, Rhodri Mawr, de Gwynedd, e Alfredo, de Wessex
(governantes que formaram os reinos da Escócia, Gales e
Inglaterra, respectivamente). Assim, os assentamentos vikings
nas Ilhas Britânicas se limitaram ao Norte da Inglaterra
(o chamado Danelaw) e à região ao redor de Dublin. Porém as
incursões vikings não cessaram e, entre 1016 e 1035, Canuto,
rei dinamarquês, chegou a governar a Inglaterra. Somente

após o seu reinado o poder viking foi desmantelado na Inglaterra. Em Dublin, a ameaça só terminou depois da Batalha de Clontarf, em 1014.

Em outras partes da Europa, os vikings conseguiram se embrenhar no interior subindo grandes rios (e arrastando suas embarcações quando a distância entre dois deles era curta). No Mediterrâneo, lutaram contra europeus e árabes. Navegando por rios do oeste da Rússia, alcançaram Constantinopla, onde atuaram como mercenários; e seguindo na direção Oeste com suas sólidas e bem-construídas embarcações, realizaram as primeiras viagens conhecidas à Islândia, Groenlândia e América do Norte (pág. 106).

Os vikings geralmente viviam como agricultores e artesãos nas terras em que se estabeleciam, absorvendo elementos das culturas que encontravam e retribuindo com seus conhecimentos sobre navegação, construção naval e metalurgia, assim como a poesia de suas sagas épicas. Na Normandia, no Norte da França, os colonos vikings se fundiram com a população franca, tornando-se mais tarde conhecidos como normandos ("homens do Norte"), e continuaram a ter importante presença na Europa (págs. 93-4).

Os Eslavos e os Magiares

Os eslavos compunham um vasto conjunto de povos, cujas histórias e origens, em grande parte, não são documentadas. Falavam uma variedade de línguas eslavas, todas de origem indo-europeia.

Também conhecidos como *antes* e *veneti*, entre outros nomes, rumaram para o Ocidente durante as grandes migrações efetuadas nos séculos V e VI, estabelecendo-se nas regiões do mar Báltico, dos rios Elba e Reno, do mar Adriático e do mar Negro (sitiando Constantinopla em 540). Posteriormente, fundaram diversos Estados eslavos, entre eles o Império Búlgaro, em 681. As atividades missionárias de Bizâncio (sobretudo dos irmãos São Cirilo e São Metódio, aos quais se credita a invenção do primeiro alfabeto eslavo*) levaram os eslavos a se converter ao cristianismo oriental no século IX.

Os eslavos ocuparam os vales fluviais do mar Negro e as colinas próximas a Kiev. Seus primeiros povoados e cidades formaram a base da futura Rússia. No século IX, os vikings navegaram pelos longos rios russos e dominaram os eslavos, vendendo alguns deles como escravos no sul (o termo *eslavo* acabaria se tornando sinônimo de "escravo"). As influências nórdicas e pagãs dos vikings permaneceram por mais um século na região, embora as relações entre Bizâncio e Kiev fossem se estreitando ao longo do século X, culminando em 987, quando o príncipe russo Vladimir finalmente aceitou o cristianismo ortodoxo para si mesmo e seu povo (um marco divisório na história e cultura da Rússia).

Outros povos da Europa Oriental, conhecidos como magiares, que no século IX haviam se estabelecido em territórios hoje pertencentes à Hungria e à Romênia (vindos da área do rio Volga, na Rússia), invadiram a Europa central e Ocidental no mesmo período em que a região era assolada por incursões vikings. Em 955, finalmente, foram derrotados pelo rei alemão Oto I, na Batalha de Lechfeld. Oto, por sua vez, conquistou terras que se estendiam do Reno até muito além do Elba, subjugando os eslavos que viviam na área.

---

* Também conhecido como cirílico. (N.T.)

O Grande Cisma

Crescentes diferenças políticas e teológicas entre a Igreja oriental bizantina e a Igreja ocidental romana resultaram, em 1054, na separação permanente de ambas, um divisor de águas na história da Igreja que ficou conhecido como o Grande Cisma, ou Cisma Ocidente-Oriente.

A desavença entre Constantinopla e Roma fermentava desde a divisão do Império Romano em parte leste e parte oeste (págs. 47-8) e a transferência da capital — de Roma para Constantinopla — no século IV. O crescente poder de Constantinopla e sua preeminência no embate entre o islamismo e o cristianismo ameaçavam a posição da Igreja romana — ainda que, ao contrário de sua congênere ocidental, a Igreja oriental estivesse cada vez mais abalada por disputas teológicas entre seus patriarcados.

As diferenças culturais e linguísticas entre o Oriente e o Ocidente — a teologia oriental tinha raízes na filosofia grega, enquanto a ocidental era baseada no direito romano — acarretaram uma compreensão diferente da doutrina cristã, notadamente sobre a primazia do papa e sobre o Espírito Santo — que na Igreja romana provém do Pai e do Filho (incorporando o Filho no credo).

As divergências chegaram ao limite em 1054, quando o papa Leão IX e o patriarca de Constantinopla, Michael Cerularius, suprimiram os rituais gregos e latinos, respectivamente, de seus domínios. Isso levou as duas Igrejas, por intermédio de seus representantes oficiais, a excomungar uma à outra. O credo de Constantinopla, mais tarde, ficou conhecido como Igreja ortodoxa e o do Ocidente como Igreja católica. A cisão entre as Igrejas jamais foi sanada, embora o diálogo tenha sido reaberto em anos recentes e as excomunhões, revogadas em 1965.

AS AMÉRICAS

A CIDADE MEXICANA DE TEOTIHUACÁN E OS IMPÉRIOS DE HUARI E TIAHUANACO

A primeira grande cidade das Américas, conhecida como Teotihuacán (que significa "Cidade dos Deuses"), foi erguida no planalto central do México, 48km a nordeste da atual Cidade do México. Em seu apogeu, entre 250 e 650, Teotihuacán abrigava cerca de 150 mil habitantes e cobria uma área de 21km². Construída pelos sucessores dos olmecas (págs. 27-8), foi um importante centro religioso e comercial durante dois ou três séculos; comerciava, entre outras coisas, a pedra vulcânica verde chamada obsidiana, que vendia para os maias (págs. 71-3).

Ao contrário de outras cidades das Américas, Teotihuacán foi cuidadosamente planejada dentro de um traçado ortogonal. Possuía conjuntos residenciais com vários andares, áreas para oficinas, numerosas praças, um centro cerimonial dominado por enormes pirâmides (a Pirâmide do Sol, com cerca de 225m de lado e 65m de altura, é a maior construção da América pré-colombiana) e uma rua central ladeada por santuários e tumbas, conhecida como Avenida dos Mortos. Também notáveis em Teotihuacán são os milhares de murais coloridos, representações abstratas de divindades místicas que adornam muitos dos santuários e casas da cidade. Por volta do ano 750, Teotihuacán foi destruída, possivelmente por invasores que vieram do sul, mais tarde conhecidos como toltecas (pág. 73).

Em 2008, no Norte do Peru, no meio dos Andes, arqueólogos descobriram uma cidade chamada Huari (ou Wari), que deve ter alcançado seu apogeu no século IX, quando contava com população estimada em 100 mil habitantes. O estilo artístico das construções encontradas em Huari está estreitamente ligado ao de Tiahuanaco, perto do lago Titicaca, no noroeste da Bolívia — em especial ao sólido arco de pedra conhecido como Porta do Sol. É provável que os dois impérios, Huari e Tiahuanaco, controlassem grande parte da região central andina até serem ambos destruídos no século X.

Os Maias

A civilização mais avançada e duradoura das Américas pré-colombianas foi a dos maias, estabelecida no Sul do México e na Guatemala.

Dando seguimento a algumas das tradições dos vizinhos olmecas (como a construção de templos), os maias atingiram o auge entre os séculos IV e VIII, embora a civilização maia, no que se refere a cidades estabelecidas, tenha se iniciado por volta do ano 600 a.C.

Durante o apogeu, as terras maias estavam divididas em mais de 50 cidades-estado, cada uma com população de 5 mil a 50 mil habitantes. Embora frequentemente em conflito, as cidades estavam ligadas por boas estradas, compartilhavam identidade cultural e eram governadas por complexa aliança de dinastias. A cidade mais importante era Tikal, nas terras baixas da Guatemala, exceto durante um breve período, em 378, quando os maias caíram sob a influência da cidade mexicana de Teotihuacán (pág. 73).

Cada cidade tinha um palácio real e enormes templos de pedra construídos sobre pirâmides (possivelmente copiados dos templos de Teotihuacán), adornados com esculturas e murais coloridos. Boa parte da população maia trabalhava na terra, cultivando lavouras, como o milho, em clareiras que abriam na floresta pluvial. Os maias eram singulares, no sentido de que sua civilização surgiu em matas pluviais, em vez de planícies fluviais.

Em 790, muitas das cidades localizadas em terras baixas declinaram subitamente. Por volta de 950, a população maia, que antes alcançava cerca de 2 milhões de habitantes, foi reduzida a algumas centenas de milhares. A razão do colapso repentino ainda não foi explicada, embora a erosão do solo possa ter sido um dos fatores. De maneira reduzida, a civilização maia sobreviveu nas terras altas da Guatemala e na península de Iucatã até a chegada dos conquistadores espanhóis (págs. 105-6) no século XVI. Cerca de 6 milhões de descendentes dos maias ainda sobrevivem e falam sua língua.

A Cultura Maia

As ruínas maias revelam muito a respeito dessa civilização, mas foi apenas nos últimos 30 anos, através da decodificação de seu complexo sistema de escrita, que os historiadores adquiriram um conhecimento muito maior a respeito das realizações e crenças.

Seu idioma era grafado com hieróglifos, representando o conceito, o sentido abstrato ou a sílaba de uma palavra. Na América pré-colombiana, tanto quanto se sabe, a escrita maia foi a única capaz de representar todos os aspectos de uma língua falada. Os maias escreveram milhares de livros, ou códices, em papel feito com cascas de árvores, mas foram quase totalmente destruídos pelos conquistadores espanhóis (pág. 105). Hoje, só restam quatro.

Proficientes em matemática e astronomia, os maias desenvolveram um complexo sistema de calendários. Como o povo

CAPÍTULO TRÊS: A IDADE MÉDIA

de Teotihuacán e muitas outras culturas pré-colombianas, os maias adoravam o jaguar, entre dezenas de diferentes deuses. O sacrifício humano fazia parte da adoração religiosa e aqueles que eram sacrificados recebiam a garantia de que teriam uma vida agradável após a morte, em um mundo subterrâneo. Cada cidade maia tinha uma área para jogos de bola, que faziam parte dos sacrifícios, representando um portal para o tal mundo subterrâneo. Esses jogos, muitas vezes, eram realizados após as batalhas; quando terminavam, os prisioneiros eram sacrificados aos deuses.

Os Toltecas

Os toltecas, provenientes do Norte do México, contribuíram para a queda de Teotihuacán (pág. 70) no século VIII, quando saquearam e incendiaram a cidade, liderados por Mixcoatl ("Serpente de Nuvem").

O filho de Mixcoatl, Topiltzin, fundou a capital tolteca de Tollan ("Lugar dos Juncos") nas cercanias da moderna cidade de Tula, cerca de 80km ao norte da Cidade do México. Tollan cresceu rapidamente, com um complexo de palácios em seu centro, além de campos de esporte e templos piramidais ornamentados com enormes figuras de pedra, um deles gigantesco, dedicado ao deus supremo Quetzalcoatl (que geralmente se traduz como "Serpente Emplumada"). Imagens de Quetzalcoatl aparecem em Teotihuacán e em todo o México pré-colombiano. Tollan chegou a cobrir cerca de 30 mil km², sustentando uma população estimada entre 30 mil e 60 mil habitantes.

No final do século X, Topiltzin e alguns outros adoradores do deus Quetzalcoatl viajaram para o leste e se estabeleceram na antiga cidade maia de Chichén Itzá, onde construíram prédios tanto no estilo maia quanto no tolteca. Os toltecas se destacavam por suas elaboradas esculturas e trabalhos em metal, e também por suas estranhas figuras de pedra reclinadas, conhecidas como Chac Mool, encontradas também no México central. Cada uma dessas figuras tem um prato repousando em seu estômago; acredita-se que eram usados para acolher os corações de pessoas sacrificadas durante cerimônias religiosas.

Os toltecas eram aguerridos. Após uma série de conquistas durante os séculos XI e XII, dominaram grande parte do México central. Mas em meados do século XII, foram superados por tribos nômades do Norte conhecidas como chichimecas, das quais faziam parte os astecas (págs. 102-3), que saquearam e destruíram a cidade de Tollan.

CAPÍTULO QUATRO

O MUNDO EM MOVIMENTO

1050 — 1700

ORIENTE MÉDIO E ÁFRICA

Os Almorávidas Islâmicos e os Impérios Almôadas
Os almorávidas eram berberes islâmicos que fundaram uma dinastia no século XI, construíram a cidade de Marrakech em 1062 e controlaram as regiões do Saara ocidental e parte do Oeste da Argélia. Em 1075, conquistaram também o Império de Gana (pág. 52); e, em 1086, na Espanha, derrotaram os exércitos cristãos de Alfonso VI na Batalha de Zalaca.

Por volta de 1100, os almorávidas controlavam a Espanha muçulmana (Al-Andalus) e seu império se estendia por cerca de 4.800km, desde a Espanha até a Argélia, no noroeste da África. Essa supremacia, entretanto, teve curta duração, depois que seu rei foi assassinado, em 1147, por outra tribo berbere do Marrocos, os almôadas.

Os almôadas assumiram o controle de Marrakech e em seguida de todo o Marrocos, além da Argélia, Tunísia, Líbia, Mauritânia e Al-Andalus. Em 1172, transferiram sua capital para Sevilha e dominaram Al-Andalus até o ano 1212, quando foram derrotados por uma aliança de príncipes portugueses e espanhóis na Batalha de Las Navas de Tolosa, na Sierra Morena. Em 1236 e 1248, Córdoba e Sevilha caíram e foram controladas pelos cristãos. Em 1248, Granada era tudo o que restava de Al-Andalus, sendo governada pela última dinastia moura na Espanha, a nasrida (o termo *mouro* era usado principalmente para designar os berberes de descendência africana ou árabe). Enfraquecidos por rebeliões locais, os almôadas foram perdendo gradualmente seus territórios na África, permitindo que a dinastia merínida assumisse o controle do Marrocos em 1269.

OS IMPÉRIOS DO MALI E SONGHAI NA ÁFRICA OCIDENTAL

O declínio do Império de Gana (págs. 52-3) ensejou a ascensão dos mandingos, um povo do Oeste africano que estabeleceu, por volta de 1230, um dos maiores impérios comerciais da África, o Império do Mali.

O Mali, hoje um Estado islâmico (seguindo a conversão de seu fundador e líder, Sundiata Keita), logo controlou as rotas de caravanas do Saara. Com três enormes minas de ouro no Sul, tornou-se um dos maiores fornecedores de ouro do Velho Mundo (respondendo por quase metade da produção), bem como de sal. Com administração eficiente e exército semiprofissional, o Império do Mali acumulou grande fortuna e conquistou muitas terras. Em seu auge, por volta do ano 1350, englobava toda a bacia do rio Senegal, avançando cerca de 1.600km para o interior e controlando mais de 400 cidades — na época, somente o Império Mongol era maior. Por volta de 1450, entretanto, perdeu o controle das rotas caravaneiras, e o Estado muçulmano de Songhai, antes vassalo, conquistou parte de seus territórios, formando um império próprio.

O primeiro imperador de Songhai foi Sonni Ali, que reinou de 1464 a 1492 e dominou o restante do Império do Mali, juntamente com os reinos vizinhos. Com isso, assegurou o controle de várias rotas comerciais e cidades importantes, como Timbuctu, no atual Mali, e continuou a vender ouro, que no século XV estava em grande demanda na Europa. Na década de 1500, durante o reinado de Mohammed Turre, da dinastia Askia, o Império Songhai cobria aproximadamente 1,4 milhões de km², constituindo o maior império africano até então. Governantes subsequentes, no entanto, acabaram provocando sua desagregação. Em 1591, o império foi conquistado por marroquinos e no século XVII fragmentou-se em diversos Estados menores.

OS IMPÉRIOS DA ÁFRICA OCIDENTAL, O GRANDE ZIMBÁBUE E A COSTA SUAÍLI

Os grandes impérios do Mali e Songhai tiveram alguns rivais na costa oeste da África, entre eles a cidade iorubá de Ifé e a cidade de Edo, no Benim.

Ifé, situada no sudoeste da atual Nigéria, tornou-se uma grande cidade entre os séculos IX e XII. Era conhecida por suas esculturas em bronze, pedra e terracota, produzidas em grande quantidade de 1200 a 1400. Em seguida, o poder político e econômico se transferiu para o reino vizinho do Benim (no sul da Nigéria), que em 1100 já se transformara em uma importante cidade comercial, atingindo o apogeu por volta do ano 1450. Nos séculos XVI e XVII, o Benim se tornou rico mediante o comércio de escravos com portugueses e holandeses.

Por volta do século XI emergiu no Sul da África o reino do Grande Zimbábue, cuja localização próxima a minas de ouro e cobre era bastante vantajosa. Seus governantes começaram a prosperar exportando minérios para lugares distantes, como a Índia e a China, através de seu excelente porto, em troca de produtos asiáticos de luxo. Essa crescente fortuna permitiu que o povo *shona* formasse um rico e poderoso império, tendo a cidade monumental do Grande Zimbábue como capital. Alcançando sua maior extensão no ano 1450, o império gradativamente declinou, devido à infertilidade das terras de que dispunha. Após as incursões portuguesas no século XVI, o Zimbábue acabou sendo absorvido pelo Império Rozvi, em 1684.

Na costa leste africana, povoações árabes, surgidas pela primeira vez em 700, dominavam o comércio. Entre os séculos XI e XV, foram construídas cerca de 30 novas cidades árabes. Os povos suaílis (bantos que viviam na costa oriental) agiam como intermediários entre o interior e os navios que chegavam da Índia e da China. Com o dinheiro gerado por esse próspero comércio, os suaílis fundaram, entre os séculos X e XV, várias cidades ao longo da costa e em ilhas, todas muçulmanas, em uma combinação de estilos árabes e africanos.

AS EXPLORAÇÕES PORTUGUESAS E O ADVENTO DO TRÁFICO DE ESCRAVOS NO ATLÂNTICO

Durante o século XV, em busca de rotas para a Ásia, os portugueses exploraram a costa da África, onde estabeleceram postos de comércio. No início, trocaram mercadorias com os reinos da África ocidental em bases relativamente iguais.

Depois que Bartolomeu Dias contornou a extremidade sul da África, em 1488, outro explorador português, Vasco da Gama, abriu rotas de comércio entre a Europa e o Oriente. Vasco da Gama fez três viagens à Índia e acabou se tornando

CAPÍTULO QUATRO: O MUNDO EM MOVIMENTO 79

governador da Índia Portuguesa. Portugal foi, portanto, a primeira nação europeia a acessar esse lucrativo mercado por via marítima.

Durante o primeiro contato da Europa com a África, poucos escravos foram negociados, certamente não mais que os que já havia no mundo (no início da Idade Média, milhões de pessoas foram escravizadas pelos francos, vikings, árabes e gregos). Em sua plenitude, o transporte de escravos africanos através do Atlântico começou no final do século XIV e início do século XV, quando os portugueses e os espanhóis, e mais tarde os holandeses, ingleses e franceses estabeleceram colônias no Novo Mundo. Em meados do século XVII, mais de 40 fortalezas foram estabelecidas na costa oeste da África, de onde africanos escravizados, trazidos do interior, eram levados para as colônias além-mar, uma prática que iria se acelerar notavelmente no século XVIII (pág. 112). Entre 1650 e 1850, 12 milhões de africanos foram transportados para o Novo Mundo.

OS TURCOS SELJÚCIDAS

Em meados do século XI, turcos muçulmanos conhecidos como seljúcidas se deslocaram da Ásia central para a Pérsia (possivelmente como resultado do colapso do Império Tang, na China), expulsando os gaznávidas (pág. 59) no caminho. Depois chegaram a Bagdá, onde foram bem recebidos pelo califa abássida, que transformou seu líder, Tugril Beg, em seu regente e o nomeou sultão.

Após ocupar a Síria e a Palestina, o sobrinho de Tugril, Alp Arslan, invadiu a Ásia Menor e a Armênia. Em 1071, os seljúcidas obtiveram retumbante vitória sobre os bizantinos, na Batalha de Manzikert, na qual Romano IV, o imperador bizantino, foi capturado. Mais tarde, no entanto, ele foi solto. Os seljúcidas começaram então a se estabelecer em grande número na Ásia Menor. Chamava a área que estavam ocupando de Sultanato de Rum (sendo *Rûm* um termo árabe para Roma, dando a entender que se consideravam herdeiros do Império Romano). Grande parte da Ásia Menor foi convertida do cristianismo ao islamismo, e o turco, aos poucos, substituiu a língua grega.

Os seljúcidas são também lembrados como grandes patronos da literatura e das artes, que combinavam estilos centro-asiáticos, islâmicos e anatolianos.

O matemático e poeta persa Omar Khayyam (1050-1123) — autor do *Rubaiyat* — viveu sob o governo dos seljúcidas.

A ameaça que representavam ao Império Bizantino e o fato de terem ocupado a terra santa de Jerusalém (até 1098) levaram o papa Urbano II a convocar uma guerra santa, ou Cruzada, contra os turcos seljúcidas em 1095 (ver a seguir). Durante as duas primeiras Cruzadas, o Império Seljúcida enfraqueceu (também devido a brigas internas entre seus principados) e, com as invasões dos mongóis no século XIII, acabou se fragmentando em Estados independentes. Na Ásia Menor, um desses Estados — ou emirados — mais tarde se transformaria no Império Otomano (pág. 82).

As Cruzadas

A convocação para retomar a Palestina dos turcos muçulmanos, feita pelo papa Urbano II em 1095, resultou em quase dois séculos de campanhas militares no Oriente Médio, conhecidas como Cruzadas.

Relatos de atrocidades turcas — e de profanação e saque de relíquias sagradas em Jerusalém — levaram milhares de cristãos a avocar a santa causa contra os "infiéis". A salvação

CAPÍTULO QUATRO: O MUNDO EM MOVIMENTO

espiritual foi prometida aos cruzados, embora ganhos materiais, sob forma de terras, riqueza e prestígio, tenham representado motivação cada vez maior.

A Primeira Cruzada foi liderada pelos normandos e incluiu exércitos da França, Alemanha e Sul da Itália. Após uma campanha de dois anos, a cidade de Jerusalém foi recuperada em 1099 e seus habitantes islâmicos, massacrados. Os cruzados mantiveram Jerusalém por quase um século, até que, em 1187, a cidade foi retomada (juntamente com outras possessões dos cruzados) por Saladino, sultão do Egito, Síria, Iêmen e Palestina. O choque causado na Europa pelas vitórias de Saladino deflagrou a Terceira Cruzada, conduzida por Filipe II, da França, Ricardo I ("Coração de Leão"), da Inglaterra, e Frederico I, do Sacro Império Romano-Germânico, também conhecido como "Barba Ruiva". Capturaram Acre, mas não conseguiram recuperar Jerusalém, embora mercadores e peregrinos desarmados tivessem permissão para entrar na cidade durante a ocupação muçulmana.

Durante a Quarta Cruzada, interesses comerciais venezianos levaram os cruzados a saquear Constantinopla. Na Sexta Cruzada, Jerusalém foi retomada brevemente, mas perdida novamente, em 1244. Em 1291, durante a Nona Cruzada, caiu a última fortaleza cristã na Palestina, Acre, o que assinalou o fim das Cruzadas.

Apesar de 200 anos de conflitos esporádicos, a maior parte da Palestina permaneceu em mãos muçulmanas. O comércio, no entanto, floresceu durante as Cruzadas, pois exóticas mercadorias do Oriente Médio, assim como inovações e ideias produzidas pelos árabes — como algarismos e técnicas de irrigação —, foram levadas à Europa. Esse estímulo ao contato econômico e cultural trouxe imensos benefícios à civilização europeia e contribuiu, em parte, para o início da Renascença (pág. 97).

A Ascensão do Império Otomano

Em um emirado oriental da Ásia Menor, no ano 1293, um príncipe (ou "bei") chamado Osman (cujos descendentes, no Ocidente, foram chamados otomanos) proclamou a independência dos turcos seljúcidas. Com a ajuda de nômades muçulmanos que fugiam das invasões mongóis, Osman subjugou gradativamente outros emirados da região e implantou formas islâmicas de governo. Seus sucessores dominaram a maior parte da Ásia Menor e dos Bálcãs.

A conquista de Constantinopla pelos otomanos, em 1453, foi um marco divisório na história: o anúncio do fim do Império Bizantino e o início de um longo período de conquistas otomanas, que transformaram Constantinopla, hoje Istambul, em sua capital. Selim, o Severo (reinou de 1512 a 1520) anexou o Egito, a Síria e parte da Pérsia safávida ao Império Otomano, e com a conquista da Palestina e da Grécia, os otomanos dominaram efetivamente o que antes fora o Império Romano do Oriente.

Sob Suleiman, o Magnífico (1520-66), o império alcançou o zênite. Suleiman avançou mais na Europa e, em 1526, derrotou os húngaros e incorporou a seu império dois terços da Hungria, matando o rei e quase todos os nobres húngaros e fazendo 100 mil prisioneiros. Conhecido no Oriente como o "Doador de Leis", Suleiman foi um exímio administrador, reconstruindo o sistema jurídico dos otomanos e patrocinando a construção de mesquitas, palácios, hospitais e escolas. Notável poeta e ourives, foi também grande patrono das artes e da cultura no império.

Com a ajuda do almirante Hayreddin (conhecido como "Barba Ruiva" pelos europeus), Suleiman dominou o Mediterrâneo oriental. Em meados do século XVI, o Império Otomano

CAPÍTULO QUATRO: O MUNDO EM MOVIMENTO

se estendia até a Argélia, no Norte da África, e englobava grande parte do Oriente Médio e da Europa Oriental (abrangendo cerca de 1,6 milhões de km^2), sendo então o maior e mais poderoso império do mundo.

O Império Otomano: Renascimento e Declínio

A primeira grande derrota sofrida pelo Império Otomano ocorreu em 1571, na Batalha de Lepanto, ao largo da costa leste da Grécia. A frota da chamada Santa Liga, formada por Veneza, Espanha, Estados Papais e Gênova, entre outros, infligiu fragorosa derrota à esquadra otomana, destruindo ou capturando cerca de 200 navios turcos. Embora as forças cristãs acreditassem ter imposto um golpe decisivo, a derrota surtiu efeito pouco duradouro, pois os otomanos reconstruíram sua frota e continuaram a dominar o leste do Mediterrâneo por mais um século.

Sinais de fragmentação surgiram, entretanto, quando províncias governadas por sultões pouco expressivos começaram a se rebelar, embora o exército otomano tenha sido poderoso o bastante para impedir que os rebeldes se impusessem. Sob Murad III (1574-95), o império até aumentou sua área, com a conquista do Azerbaijão e do Cáucaso — territórios logo perdidos no início do século seguinte, juntamente com o Iraque. A guerra com Veneza (1645 a 1669) expôs Constantinopla a um ataque da marinha veneziana, mas os otomanos acabaram triunfando e mantiveram Chipre.

Anos depois, o Império Otomano decidiu conquistar Viena, a capital da Áustria, de modo a obter um ponto estratégico no centro da Europa. Assim, em 1683, um exército otomano com 150 mil soldados sitiou a cidade durante três meses, mas foi obrigado a se retirar por uma força europeia conjunta sob o comando de Jan III, o rei polonês. Esse fato marcou o fim da expansão otomana na Europa.

Os europeus continuaram a pressionar, e os turcos acabaram cedendo muitos de seus territórios europeus. E o Império Austríaco continuou a representar uma grande ameaça, assim como o Império Russo, cada vez mais poderoso. Por volta de 1800, o Império Otomano, antes o mais poderoso do mundo, era zombeteiramente chamado de "o doente da Europa" (págs. 132 e 147).

O Império Safávida da Pérsia

A dinastia safávida (1502-1736), de duração relativamente curta, teve porém uma grande influência na Pérsia: trouxe o xiismo para a região, onde ainda permanece, e fundou o Estado iraniano com aproximadamente as mesmas fronteiras do atual Irã.

Os safávidas eram originários da região de Ardabil e receberam seu nome em tributo ao fundador da dinastia, Safi-ad-in. Em 1501, seu líder, Ismail I, proclamou-se xá (título equivalente a "rei") da Pérsia. Ao longo dos 10 anos seguintes, controlou todo o país e as províncias iranianas de Bagdá e Mosul. Ele também converteu essas províncias, antes sunitas, ao xiismo.

Em 1514, Ismail foi derrotado por Selim I (pág. 82), governante do Império Otomano. Após uma batalha contínua contra os otomanos sunitas, a oeste, e contra os usbeques, a leste, os safávidas perderam Bagdá e o Curdistão, e tiveram de transferir sua capital para Isfahan, no Oeste da Pérsia.

Em 1588, Abas I (reinou de 1588 a 1629), um dos maiores xás da história, subiu ao trono da Pérsia. Depois de formar um exército permanente, expulsou os invasores usbeques, recuperou o território tomado pelos otomanos e, em 1622, recapturou a ilha de Ormuz.

As vitórias militares e a administração eficiente permitiram que Abbas unisse as populações da Pérsia. Também encorajou o comércio com o Ocidente, as artes e a produção de artigos manufaturados, inclusive os famosos tapetes persas. Assim, a Pérsia adquiriu status de grande potência. Sua capital, Isfahan, dotada de amplas mesquitas, elevados minaretes e pavilhões suntuosos, transformou-se no mais importante centro arquitetônico do mundo islâmico. Após a morte de Abbas, os safávidas entraram em lento declínio e foram conquistados pelos afegãos, em 1722, e depois pelo xá Nader, em 1736.

EXTREMO ORIENTE

O Japão Unificado

Desde o século XII, o Japão vinha sendo governado por líderes militares conhecidos como xóguns (palavra que significa "grandes generais"), que se utilizavam de chefes militares, chamados samurais, para manter a lei e a ordem, e governar grandes territórios.

Na segunda metade do século XVI, o xogunato de Ashikaga desmoronara e o Japão entrara em uma guerra civil, com seus grandes senhores, ou daimiôs, lutando pelo poder. Em 1543, mercadores portugueses e missionários jesuítas haviam chegado ao país, dando início ao intercâmbio comercial e cultural entre o Japão e o Ocidente. Os governantes japoneses receberam bem os estrangeiros, e ficaram impressionados com a tecnologia e os armamentos dos europeus. Um grande daimiô, chamado Oda Nobunaga, usou esses armamentos para derrotar outros daimiôs, tomar a cidade de Quioto, em 1568, e depor o último xógum ashikaga, em 1573. No poder, Nobunaga modernizou as forças armadas, reconstruiu estradas e estimulou o comércio, proibindo monopólios. Entretanto, é também lembrado no Japão como um homem brutal, que ordenou o massacre de monges-guerreiros budistas que lhe faziam oposição.

Em 1582, o suicídio forçado de Nobunaga (durante um ataque de um nobre rebelde) levou ao poder Toyotomi Hideyoshi, seu general. Por volta de 1590, Hideyoshi já havia expandido seu poder e unificado grande parte do Japão. Invadiu a Coreia duas vezes, mas seus exércitos foram repelidos por forças coreanas e chinesas. Hideyoshi é também conhecido por seus legados culturais, entre eles a determinação de que somente os samurais pudessem portar armas. Também popularizou a cerimônia japonesa do chá como uma reunião para discutir negócios e política.

Depois da morte de Hideyoshi, em 1598, Tokugawa Ieyasu venceu a Batalha de Sekigahara e, em 1603, tornou-se xógum, estabelecendo o xogunato de Tokugawa em Edo (hoje Tóquio), que se tornou conhecido como o Período Edo, que durou até a Restauração Meiji, em 1868 (pág. 122). Em 1639, todos os europeus, com exceção de alguns holandeses, haviam sido expulsos do país, e todos os japoneses foram proibidos de deixar o Japão, dando início ao período do "País Fechado" (*sakoku jidai*), que durou dois séculos.

O IMPÉRIO MONGOL

Os mongóis constituíam uma tribo nômade da Ásia central que, com outros grupos turcos, devastou grande parte da Ásia, da Pérsia e do Sul da Rússia, criando um dos maiores impérios do mundo. A morte de milhões de pessoas, provocada pelos mongóis, tem sido comparada à Peste Negra e às guerras mundiais do século XX.

CAPÍTULO QUATRO: O MUNDO EM MOVIMENTO

Os mongóis assediaram a China durante séculos, mas somente sob seu líder, Gengis Khan (que significa "governante universal"), foram unificados e se tornaram poderosos o bastante para capturar Zhongdu (a atual Beijing, ex-Pequim), em 1215. Mais tarde, comandando um poderoso exército de 130 mil homens, Gengis Khan e seus sucessores se voltaram para o Ocidente e conquistaram a Pérsia, a Armênia, o Norte da Índia, a Rússia europeia e, por um breve período, alguns países da Europa Oriental (entre eles a Polônia e a Hungria). Os mongóis lutavam a cavalo e venciam as batalhas mediante uma combinação de estratégia, extrema ferocidade e tecnologia. Foram os primeiros combatentes a usar armas de fogo (cujo manejo aprenderam com os chineses) contra as forças europeias. Sua selvageria foi descrita por muitos como genocídio, principalmente nas cidades da Pérsia, do Afeganistão e da Índia, onde relatos dão conta da aniquilação de populações inteiras. Na Mesopotâmia, as forças mongóis destruíram sistemas vitais de irrigação, transformando províncias férteis em desertos (situação que perdura até hoje).

Após a morte de Gengis Khan, em 1227, o império dos mongóis, ainda em expansão, foi dividido entre seus filhos e netos. Um dos netos, Kublai, derrotou a dinastia Song e, em 1279, tornou-se o primeiro imperador mongol da China. Com a Rota da Seda sob exclusivo domínio mongol, o comércio entre o Oriente e o Ocidente floresceu. Kublai recebia bem os mercadores estrangeiros que chegavam à China, entre eles o veneziano Marco Polo, que mais tarde assombrou os europeus com suas histórias sobre uma grande civilização no Oriente.

O devastador Império Mongol (alguns historiadores calculam que cerca de 30 milhões de pessoas morreram por sua causa: a população da China caiu pela metade e o planalto iraniano perdeu três quartos de seus habitantes) felizmente teve curta duração. Disputas sobre sucessões, administrações incompetentes e revoltas acarretaram sua desintegração. Em 1368, forças da dinastia Ming (pág. 91) expulsaram os mongóis da China, e os vastos domínios do Império Mongol se fragmentaram.

A DINASTIA TIMÚRIDA

No final do século XIV, um líder militar da Ásia central, que se dizia descendente de Gengis Khan, iniciou uma série de conquistas sangrentas, na tentativa de recriar o então destroçado Império Mongol. Ele se chamava Timur-i-Lenk ("Timur, o Coxo") e ficou conhecido no Ocidente como Tamerlão. Entre 1364 e 1405, suas intimidadoras tropas de hábeis cavaleiros invadiram a Ásia Menor e, massacrando os oponentes, conquistaram a Pérsia, o Iraque, a Síria, o Afeganistão e parte da Rússia.

Entre 1386 e 1394, Tamerlão invadiu a Geórgia e a Armênia, escravizando cerca de 60 mil pessoas. Em 1398, invadiu a Índia e massacrou os habitantes de Délhi; segundo se diz, todos os caminhos que levavam à cidade ficaram juncados de corpos durante meses. Em 1399, Tamerlão invadiu a Síria, matando toda a população de Damasco, exceto os artesãos, que enviou para Samarcanda, sua capital (hoje no Uzbequistão). Em 1401, invadiu Bagdá, onde massacrou cerca de 20 mil muçulmanos. No ano seguinte, Tamerlão derrotou os otomanos, próximo a Ancara.

Seu objetivo final era conquistar a China. Em 1404, iniciou preparativos para uma campanha militar contra a dinastia Ming, mas morreu de peste em 1405, a caminho da fronteira chinesa. O império que construiu desmoronou logo após sua morte, juntamente com seu brutal reinado de terror. O mais famoso descendente de Tamerlão foi Babur, que fundou o Império Mogol, cujos imperadores eram muçulmanos (pág. 92).

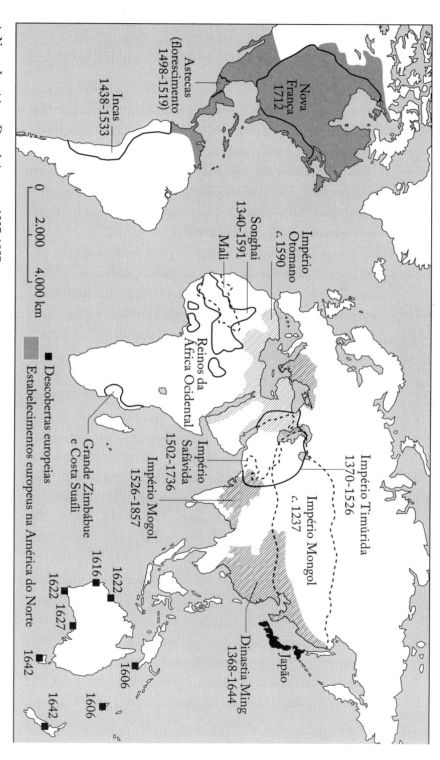

4 Novos Impérios e Descobrimentos, 1237-1857

A PESTE NEGRA

Uma forma de peste bubônica e pneumônica particularmente virulenta, conhecida como Peste Negra, varreu a Ásia, a Europa e o Oriente Médio no século XIV, provocando uma devastadora perda de vidas humanas, estimada em 25 milhões, ou mais, na Ásia, 25 milhões na Europa (pelo menos um terço da população) e um número desconhecido no Oriente Médio, mas certamente na casa dos milhões.

Não se sabe ao certo a origem da peste, mas acredita-se que tenha começado nos anos 1330, na província chinesa de Yunnan. Transmitida por pulgas portadoras de germes que viviam em ratos, a doença se disseminou rapidamente na China e foi levada para o Ocidente, possivelmente transportada por exércitos mongóis, mercadores que viajavam pela Rota da Seda ou mesmo a bordo de navios.

A Peste Negra chegou à Europa em 1347, por volta da época em que os exércitos mongóis estavam sitiando o porto de Caffa (hoje Teodósia), na Crimeia. Consta que soldados mongóis catapultavam cadáveres infectados por cima dos muros da cidade. No mesmo ano, a doença alcançou a Itália, provavelmente por meio de navios, e logo França, Espanha, Portugal e Inglaterra, atingindo, em 1351, Alemanha, Escandinávia e o noroeste da Rússia. Em 1347, a peste também chegou a diversas partes do Oriente Médio, primeiramente ao Egito, depois Líbano, Síria, Palestina, Iraque, Irã e Turquia.

O drástico declínio populacional provocou, por sua vez, enormes mudanças sociais e econômicas. A escassez de mão de obra e a maior disponibilidade de terras, principalmente na Europa Ocidental, aumentaram o poder de barganha dos trabalhadores rurais. Revoltas camponesas começaram a espocar,

CAPÍTULO QUATRO: O MUNDO EM MOVIMENTO

e, no século XVI, a servidão (sujeição de um grupo social a uma aristocracia) já havia quase desaparecido em lugares como a Inglaterra, embora subsistisse na Europa Oriental e na Rússia, áreas menos afetadas pela Peste Negra.

A DINASTIA MING NA CHINA

Após a morte do imperador Kublai Khan, em 1294, a China foi assolada por diversos desastres naturais, inclusive a Peste Negra (pág. 90), que dizimou sua população e gerou uma série de revoltas camponesas.

Uma dessas revoltas culminou com o estabelecimento de uma nova dinastia em 1368, quando Hongwu, um comandante militar rebelde de origem humilde, expulsou os mongóis e fundou a dinastia Ming (*ming* significa "brilho") em Nanquim.

Hongwu se dedicou a estabilizar o governo e a implantar uma unidade política. A agricultura progrediu e a indústria floresceu, principalmente no setor de vestuário e tecelagem de seda; a porcelana começou a ser exportada. Nos primeiros dois séculos de governo da dinastia Ming, a economia se desenvolveu exponencialmente e a população dobrou. Seus líderes tentaram melhorar a situação dos pobres abolindo a escravidão e elevando os impostos pagos pelos ricos.

O governo Ming formou uma imponente marinha e um exército permanente (com cerca de 1 milhão de soldados), e fomentou grandes projetos, como a construção do palácio imperial da Cidade Proibida, em Pequim, a nova capital. O comércio com as potências europeias também foi encorajado. Entre 1405 e 1433, o almirante Zheng He comandou enormes frotas de navios até lugares distantes, como a costa oriental da África e Jidá, no mar Vermelho. Por volta do século XV, no entanto, essas expedições marítimas foram interrompidas, quando um decreto imperial proibiu viagens ao exterior. O absolutismo e o isolacionismo se tornaram então características da dinastia Ming.

No último século da dinastia, uma sucessão de imperadores fracos, cada vez mais confinados em seus palácios, ocasionou crescente corrupção e disputas internas entre funcionários da corte. Na década de 1590, as finanças do governo acabaram se exaurindo, quando a China ajudou a Coreia a repelir uma invasão japonesa, enquanto fome, secas e uma série de epidemias provocavam rebeliões nos campos e nas cidades. Em 1644, os manchus, um aguerrido povo da Manchúria, foram chamados para ajudar a restaurar a ordem; em vez disso, assumiram o controle de Pequim e instauraram sua própria dinastia, a Qing (pág. 117).

O Império Mogol na Índia e o Siquismo

Em 1526, Babur, um turco muçulmano descendente de Gengis Khan e Tamerlão (págs. 86-8) marchou até a Índia, derrotou o sultão de Délhi e conquistou a parte central do Norte da Índia. O território de Babur — que também incluía o Reino de Cabul, no Afeganistão — veio a ser conhecido como Império Mogol, uma variação da palavra "mongol", para refletir a ascendência do imperador.

Babur foi sucedido por uma série de notáveis imperadores, entre eles Akbar (reinou entre 1556 e 1605), que implantou um eficiente sistema administrativo e permitiu que os hindus praticassem seu culto livremente. Incorporou novas terras ao império, que passou a se estender de Gujarate, a oeste, até Bengala, a leste; e o xá Jahan (1628-58), cuja corte foi a mais deslumbrante do Império Mogol.

CAPÍTULO QUATRO: O MUNDO EM MOVIMENTO

O estabelecimento da cultura e do idioma persa resultou no surgimento de um característico estilo indo-muçulmano na pintura miniaturista e na arquitetura, bem como na adoção do idioma urdu (extremamente influenciado pelas línguas persa e árabe). Muitos dos grandes palácios, tumbas e fortes da Índia são de origem mogol, inclusive o Taj Mahal, em Agra, e o Forte Vermelho, em Délhi, ambos construídos pelo xá Jahan.

No início do século XVI, o siquismo, uma nova religião monoteísta fundada por Guru Nanak, surgiu no Punjab, uma região da Índia. Combinava elementos do hinduísmo e do islamismo, aceitando os conceitos hindus do carma e da reencarnação, mas rejeitando o sistema de castas. O décimo e último guru, Gobind Rai (1666-1708), determinou que o sobrenome Singh fosse dado a todos os siques do sexo masculino, e prescreveu as formas externas do siquismo, como a aparência dos varões siques, que não deveriam cortar os cabelos (e sim prendê-los sob um turbante) tampouco a barba. Em resposta à hostilidade dos mogóis, ele também militarizou os siques, que se tornaram uma poderosa força política no Punjab.

EUROPA

O Feudalismo e as Conquistas Normandas

Entre os séculos V e XII, o feudalismo começou a se propagar em grande parte da Europa Ocidental, a partir dos reinos francos da França.

Nesse sistema, os reis arrendavam terras conhecidas como "feudos" para poderosos nobres em troca de lealdade e serviço militar. Os nobres, ou mesmo instituições religiosas, dividiam suas propriedades em lotes e os entregavam a nobres menos importantes, que se tornavam seus vassalos. Na base da pirâmide estava uma classe de camponeses (chamados de servos ou vilões) que vivia inteiramente sob a jurisdição de seus mestres. Desse sistema emergiram castelos fortificados (pois os nobres precisavam defender seus domínios), cavaleiros e um código de conduta conhecido como "código da cavalaria".

Em 1066, os normandos, que haviam se estabelecido no Norte da França, derrotaram o rei inglês Haroldo II na Batalha de Hastings, e substituíram os anglo-saxões como classe dominante na Inglaterra. Seu líder, Guilherme ("o Conquistador"), implantou um sistema feudal particularmente eficaz, recenseando todas as propriedades e aldeias do país (compiladas no *Domesday Book*), que depois foram distribuídas entre seus nobres, na condição de feudos. Os normandos também conquistaram o País de Gales e partes da Irlanda e da Escócia. Depois, enfrentando árabes e bizantinos sob o comando de seu grande líder Robert Guiscard, conquistaram a Sicília e o Sul da Itália.

A partir da década de 1400, o sistema feudal na Europa Ocidental começou a ruir, em parte como consequência do declínio populacional provocado pela Peste Negra e em parte pelo desenvolvimento do comércio (ver a seguir). Na Europa central e Oriental, no entanto, o trabalho servil que lastreava o feudalismo perdurou até meados do século XIX.

O Crescimento do Comércio

Nos séculos XI e XII, o comércio ganhou força na Europa, estimulado pelas Cruzadas, por melhorias nas estradas e frotas mercantes e pelo estabelecimento do Império Mongol, que abrira rotas entre o Oriente e o Ocidente.

CAPÍTULO QUATRO: O MUNDO EM MOVIMENTO

Grandes e pequenas cidades começaram a nascer e crescer próximo a áreas de produção e comércio. Os portos de Veneza (provavelmente a cidade mais rica da Europa no período medieval), Pisa e Gênova, na Itália, e Lübeck e Danzig (hoje Gdansk, na Polônia), na Alemanha, tornaram-se importantes centros de importação. Bruges, Gante e Ypres, em Flandres, juntamente com a toscana Florença, dominaram a indústria de vestuário (o mais importante produto de exportação da Europa). A necessidade de que as próprias cidades controlassem e regulamentassem sua economia resultou no surgimento de guildas (corporações de ofícios); muitos centros e povoados se tornaram independentes dos senhores locais. Na Itália e na Alemanha, as grandes cidades eram frequentemente governadas por ricos mercadores, em vez de nobres.

No Norte da Alemanha, em 1241, Hamburgo e Lübeck formaram uma aliança comercial. Em seu auge, no século XIV, cerca de 100 cidades — de Bruges, em Flandres, a Kiev, na Rússia — haviam formado uma aliança defensiva e comercial, chamada Liga Hanseática. Criada principalmente para proteger interesses comerciais, a liga mais tarde se transformaria em uma potência política independente, com exército e marinha próprios.

O desenvolvimento do sistema bancário, notadamente na Florença do século XVI (e depois na Alemanha, Polônia, Holanda e Inglaterra), também contribuiu para o crescimento do comércio na Europa, pois permitia que os mercadores pudessem comprar e vender a crédito. A maior circulação de dinheiro, o crescimento do comércio e o aparecimento de cidades autogovernadas resultaram na decadência do feudalismo na Europa Ocidental.

A Guerra dos Cem Anos

A Guerra dos Cem Anos, travada entre França e Inglaterra de 1337 a 1453, durou na verdade 116 anos, com algumas interrupções, e se estendeu pelos reinados de cinco monarcas ingleses (Eduardo III a Henrique VI) e cinco franceses (Filipe VI a Carlos VII).

O estopim para a guerra foi em grande parte feudal: Eduardo III, ressentido por ter de pagar tributos ao rei francês, pois era também duque da Aquitânia, reivindicou o trono da França. Rivalidades sobre o lucrativo comércio da lã, em Flandres, também contribuíram para as hostilidades. No início da guerra, a Inglaterra levou vantagem, e em 1346 Eduardo derrotou Filipe em Crecy, ajudado por seu filho — chamado de Príncipe Negro devido à cor de sua armadura — e por uma nova arma inglesa, o arco longo. A epidemia de Peste Negra, em 1347, paralisou a luta por uma década.

Em 1360, após sofrer diversas derrotas, Eduardo III desistiu de sua reivindicação ao trono francês em troca da Aquitânia; contudo, por ocasião de sua morte, em 1377, mais territórios haviam sido perdidos para Carlos V, o novo rei francês. Após a morte de Carlos V, em 1380, a guerra se arrastou, até que Henrique V ascendeu ao trono inglês, em 1413. Depois de renovar a pretensão ao trono francês, o novo rei acabou derrotando os franceses na famosa Batalha de Azincourt, em 1415 (imortalizada em uma obra de Shakespeare, *Henrique V*).

Após a morte de Henrique V, em 1422, os ingleses, sob o comando do duque de Bedford, obtiveram diversas vitórias. A virada ocorreu em 1429, quando Joana D'Arc, a "Donzela de Orléans", ajudou as forças francesas a romper o cerco inglês na cidade de Orléans. Joana D'Arc foi queimada em uma fogueira pelas forças inglesas e borgonhesas, mas os franceses, com renovado fervor nacionalista, recuperaram aos poucos seus territórios. Em 1453, somente Calais e as ilhas do Canal continuavam sob o domínio inglês. Os monarcas ingleses, porém, insistiram em reivindicar o título de "Rei da França" até 1801. A monarquia francesa, com grande parte de seus nobres aniquilados pelas guerras, começou a implantar no país um sistema de poder centralizado.

A RENASCENÇA

Na Europa do século XIV, o crescente contato com o Extremo Oriente e com o mundo islâmico estimulou novas descobertas e formas de pensar. Surgiu também um grande interesse pela cultura e pelos valores da Grécia e Roma antigas. Tal despertar artístico e intelectual — conhecido como Renascença — emergiu na Itália quando pesquisadores começaram a recuperar e a estudar textos clássicos (muitos dos quais provenientes do mundo árabe, por intermédio da Espanha muçulmana e de Bizâncio).

A Renascença também enriqueceu a escola de pensamento conhecida como humanismo, que depositava mais importância na capacidade do indivíduo que em poderes divinos ou sobrenaturais. Artistas como Botticelli e Michelangelo começaram a representar a forma humana com incrível realismo, enquanto poetas italianos, como Dante e Petrarca, exploravam a natureza humana. Arquitetos como Brunelleschi e Palladio criavam prédios que podiam ser comparados aos melhores exemplos do mundo antigo, enquanto o genial Leonardo da Vinci, pintor, escultor, engenheiro e mestre de inúmeras outras disciplinas, constituía o arquétipo do Homem Renascentista. Famílias ricas e poderosas, como os

Medici, de Florença, forneceram o suporte financeiro para muitas das conquistas artísticas e técnicas da Renascença.

Por volta do ano 1500, a Renascença alcançou o Norte da Europa, onde assumiu caráter mais religioso. O sábio holandês Erasmo, com suas críticas à Igreja católica, ajudou a fomentar a Reforma Protestante (ver a seguir). Fundamental para a livre circulação de ideias na Europa foi a prensa tipográfica, inventada por Gutenberg em 1450, aperfeiçoando o sistema de tipos móveis que os chineses criaram séculos antes e aproveitando os avanços na produção de papel obtidos pelos árabes.

A Reforma Protestante e a Contrarreforma

Um descontentamento generalizado com a Igreja católica romana, alimentado por questionamentos sobre sua doutrina feitos por sábios da Renascença, levou grande parte do Norte europeu a romper com a Igreja estabelecida, em favor de princípios mais evangélicos.

Acredita-se que esse movimento, conhecido como Reforma Protestante, tenha se iniciado em 1517, quando o frade e teólogo alemão Martinho Lutero lançou um protesto contra a corrupção da Igreja católica. Mais tarde começou a traduzir a Bíblia para o alemão e a atacar as doutrinas católicas da transubstanciação, do celibato para o clero e da infalibilidade papal. Com a ajuda da imprensa de Gutenberg, as ideias de Lutero varreram a Europa. Por volta de 1530, a Suécia, a Dinamarca e partes da Alemanha já haviam rompido com a Igreja católica. A Inglaterra de Henrique VIII fez o mesmo em 1534. Na Suíça, uma forma de protestantismo se tornou a religião dominante sob a liderança de João Calvino, cuja revolução doutrinária — mais tarde conhecida como calvinismo — alcançou o Oeste da Alemanha, a França, os Países Baixos e a Escócia.

CAPÍTULO QUATRO: O MUNDO EM MOVIMENTO

A Igreja católica reagiu com suas próprias reformas (sob o nome de Contrarreforma), muitas das quais lideradas por uma nova ordem religiosa, a Sociedade de Jesus (jesuítas). Uma grande assembleia da Igreja católica, o Concílio de Trento (1545-1563), clarificou as doutrinas da Igreja, instituiu importantes reformas morais e disciplinares e rejeitou qualquer acordo com a fé protestante.

A subsequente divisão entre católicos (ainda predominantes no Sul da Europa) e protestantes deu origem a uma série de guerras na Europa. Na França, uma sangrenta guerra civil entre protestantes (conhecidos como huguenotes) e católicos acabou resultando, através do Édito de Nantes, em 1598, em maior tolerância religiosa. Entretanto, Filipe II da Espanha, então o mais poderoso governante da Europa, decidiu restaurar pela força o catolicismo no continente. Seguiu-se uma violenta luta, nos Países Baixos, entre rebeldes protestantes e forças espanholas, que terminou em 1609, quando os holandeses conseguiram libertar-se do domínio espanhol. Veio então a Guerra dos Trinta Anos (1618-1648), que começou como uma disputa entre príncipes protestantes alemães e o imperador do Sacro Império Romano-Germânico e terminou empatada — as províncias católicas permaneceram com sua doutrina, e as protestantes mantiveram sua independência — e pôs um ponto final na Contrarreforma. O conflito entre cristãos e muçulmanos, no entanto, prosseguiu. Em 1571, em uma santa aliança com Veneza, Filipe II conseguiu destruir a armada otomana na Batalha de Lepanto.

As Explorações Europeias e os Impérios Mercantis

O século XVI assistiu ao início de um longo período de explorações europeias, deflagrado em parte por melhores técnicas de navegação e construção naval, e em parte pela necessidade de encontrar novas rotas de comércio que evitassem a passagem pelo Império Otomano, na época em plena expansão (págs. 82-3).

Portugal, uma nação de navegadores que liderava o movimento, descobriu uma rota para as Índias Orientais (1498). Depois navegou até as Américas e estabeleceu postos de comércio na África, China (Macau) e Índia (Goa). A Espanha também explorava os mares, notadamente com o genovês Cristóvão Colombo (pág. 105) e com o explorador português Fernão de Magalhães, que em 1520 descobriu uma rota para circum-navegar o globo. As subsequentes conquistas nas Índias Ocidentais, na América Central e na América do Sul (págs. 105-6) tornaram a Espanha a nação mais rica da Europa ao final do século XVI.

No século XVII, entretanto, ingleses e holandeses estavam prontos para desafiar os monopólios comerciais da Espanha e de Portugal. Frotas inglesas partiram para a América do Norte e, ao longo do século, estabeleceram assentamentos na Nova Inglaterra e na Virgínia (págs. 107-8), assim como nas Índias Ocidentais. Em 1600, mercadores de Londres fundaram a Companhia das Índias Orientais, inicialmente constituída para comerciar com a Índia e o Sudeste da Ásia. Em 1670, um decreto real constituiu a Companhia da Baía de Hudson, que controlou por alguns séculos o comércio de peles na parte da América do Norte sob o domínio britânico. Em 1602, os holandeses fundaram a Companhia Holandesa das Índias Orientais e formaram um gigantesco e extremamente lucrativo império comercial. Aos poucos, foram assumindo o lugar de Portugal no comércio da seda e das especiarias, apossando--se de diversos postos comerciais portugueses nas Índias Orientais e em outros lugares da Ásia. Em 1652, o Império

Holandês já havia estabelecido um assentamento na África do Sul — no lugar que veio a se tornar a Cidade do Cabo —, além de colônias nas Índias Ocidentais e, por curto período, no Brasil. Durante a década de 1600, a França ocupou amplos territórios na América do Norte, Canadá, Caribe e Índia.

A MONARQUIA ABSOLUTA: CARLOS I E LUÍS XIV

O monarca britânico Carlos I (reinou de 1625 a 1649) acreditava, como seu pai, Jaime I, que tinha o direito divino de governar e que um rei era, em essência, o representante de Deus na Terra. Isso, somado ao aparente apoio de Carlos ao catolicismo, colocou-o em conflito com o Parlamento e com os ministros puritanos.

Uma guerra civil irrompeu em 1642, e os soldados do Parlamento (conhecidos como "Cabeças Redondas") derrotaram os do rei (conhecidos como "Cavaleiros"). A execução de Carlos, em 1649, resultou no estabelecimento de uma república, comandada por Oliver Cromwell, líder das forças parlamentaristas. Após a morte de Cromwell, o filho de Carlos subiu ao trono em 1660, sendo coroado como Carlos II. Distúrbios voltaram a ocorrer no reinado católico de Jaime II (governou de 1685 a 1688), que, durante a "Revolução Gloriosa", de 1688, foi deposto pelos parlamentaristas em favor de sua filha e de seu genro, Maria II e Guilherme III, ambos protestantes, que passaram a governar conjuntamente. Em 1689, o Parlamento elaborou uma Declaração de Direitos, que estabelecia seus próprios direitos e os limites do soberano, documento que mais tarde influenciou o direito constitucional em todo o mundo (incluída a Declaração de Direitos dos Estados Unidos).

Ao contrário de Carlos I, o monarca francês Luís XIV (reinou de 1643 a 1715) enfrentou pouca oposição a seu poder absoluto. Quando ascendeu ao trono, a França era o país mais poderoso da Europa, em grande parte graças ao cardeal Richelieu, primeiro-ministro de Luís XIII, ao cardeal Mazarino, seu sucessor, e também à Guerra dos Trinta Anos, que reduzira à penúria a antes poderosa Espanha. Conhecido como "Rei-Sol" (como se fosse um presente de Deus, como o sol), Luís ignorou amplamente todas as instituições representativas e excluiu muitos dos nobres importantes dos assuntos políticos. Em seu palácio de Versalhes, entretanto, conseguiu pacificar a aristocracia, eliminando todos os vestígios de feudalismo remanescentes na França, e consolidando um sistema absolutista que perduraria até a Revolução Francesa (pág. 127).

AS AMÉRICAS

Os Astecas

Durante o século XV e o início do XVI, os astecas controlaram um grande império no que é hoje o México central e o sul do país. Acredita-se que provinham do norte e que chegaram ao vale do México no século XIII. Após se instalarem em ilhas dos lagos rasos que havia no vale, começaram a construir uma cidade, Tenochtitlán, no local onde hoje se situa a Cidade do México.

Sob Itzcoatl, que governou de 1428 a 1440, Tenochtitlán formou alianças com dois Estados vizinhos, tornando-se a potência predominante no México central. Outras conquistas e a intensificação do comércio levaram Tenochtitlán a controlar um território que englobava de 400 a 500 pequenos Estados, com população entre 5 e 6 milhões de habitantes.

CAPÍTULO QUATRO: O MUNDO EM MOVIMENTO 103

A economia do império tinha como base a agricultura, embora os astecas fossem também artesãos e comerciantes, atuando em uma rede de rotas que cruzavam o império. Habilidosos escultores, costumavam entalhar em pedra figuras antropomórficas. Também construíram esplêndidos palácios, templos e pirâmides, entre eles o grande palácio de Montezuma II (reinou de 1502 a 1520) em Tenochtitlán. Os astecas não tinham alfabeto, mas usavam sinais pictográficos e hieroglíficos para registrar sua história. O idioma era aparentado a algumas línguas nativas da América do Norte; muitas palavras astecas foram incorporadas ao espanhol, inglês e português, como "tomate", "chocolate" e "abacate".

A religião era uma grande força controladora para os astecas, e seus sacerdotes mantinham um calendário solar exato (que copiaram dos maias). Acreditavam que o mundo, algum dia, seria destruído. Para adiar esse evento e apaziguar seus diversos deuses, executavam elaborados rituais, que incluíam o sacrifício de milhares de prisioneiros capturados em guerras. Calcula-se que em 1487 cerca de 80 mil pessoas foram sacrificadas para consagrar um templo. Ao chegarem a Tenochtitlán, em 1519 (pág. 105), os espanhóis se horrorizaram com esses rituais sangrentos e destruíram muitos dos templos astecas, bem como a própria cidade. Muitos astecas foram mortos, torturados e escravizados pelos conquistadores, e seu império acabou desmoronando.

Os Incas

A última e mais esplendorosa civilização pré-colombiana das Américas Central e do Sul foi o Império Inca. Sua bem dirigida administração central controlava entre 5 e 10 milhões de pessoas e abrangia quase toda a região andina.

Os incas inicialmente formaram um Estado ao redor de sua capital, Cusco. Em seguida, conquistaram Chimu, um Estado vizinho e rival. Sua dinastia foi estabelecida por volta de 1200 e, sob Pachacuti Inca Yupanqui (reinou de 1438 a 1471), iniciou uma série de conquistas, expandindo as fronteiras do império, que passaram a incluir a Bolívia, o Peru e o norte do Equador. Em 1529, partes do norte da Argentina e do Chile foram anexadas.

Pachacuti e seus sucessores também desenvolveram uma forma altamente eficiente de governo centralizado, escorada em uma rígida hierarquia social. Esse sistema controlava desde a construção de novas cidades até a produção de cerâmica e objetos artísticos. Sem um sistema de escrita, os incas desenvolveram um código de nós em cordões chamado *quipu*, que servia para armazenar informações.

A tecnologia inca era de alto padrão e contava com oficinas para a produção de têxteis, cerâmica e artefatos de metal. Os incas também construíram uma vasta rede de estradas (com cerca de 25 mil km, só perdendo em extensão, entre as antigas civilizações, para o Império Romano). Como não haviam descoberto a roda, empregavam mensageiros-corredores para distribuir informações. Plantavam suas lavouras em terraços (degraus cavados nas encostas das montanhas). Sua religião oficial era centralizada no deus-sol Init. Muitos templos e santuários foram construídos, embora não fossem públicos, já que os incas oficiavam suas cerimônias religiosas ao ar livre. E, ao contrário dos astecas, só executavam sacrifícios humanos por ocasião da ascensão de novos governantes.

Em 1525, uma guerra civil irrompeu no Império Inca, pouco antes que tropas espanholas chegassem à costa do Peru, sob o comando de Francisco Pizarro. Atahualpa, o governante inca, foi executado em 1533, depois de entregar aos espanhóis

CAPÍTULO QUATRO: O MUNDO EM MOVIMENTO 105

uma enorme quantidade de ouro e prata a título de resgate. Cusco foi então dominada e, em 1537, o Império Inca começou a se desintegrar.

Os Conquistadores Espanhóis

Em novembro de 1519, o oficial espanhol Hernán Cortés (1485-1547) chegou ao México trazendo uma força expedicionária com cerca de 400 homens. Viera de Cuba, onde em 1492 o navegador genovês Cristóvão Colombo (a serviço da Coroa Espanhola) havia desembarcado pela primeira vez na América, antes de aportar, em viagens ulteriores, no centro e no sul das Américas.

Enquanto Cortés rumava à cidade de Tenochtitlán, diversas populações nativas, ressentidas com os astecas, juntaram-se às tropas espanholas. Chegando à cidade, os espanhóis capturaram Montezuma, o soberano asteca. Seguiu-se uma guerra encarniçada em que os espanhóis massacraram centenas de nobres astecas. Montezuma também foi morto, e Cortés se tornou governador de todo o território asteca, que rebatizou de Nova Espanha.

Atraídos pela promessa de grandes riquezas, os espanhóis começaram a explorar a Nova Espanha, em busca da lendária cidade de ouro, Eldorado. Nunca a encontraram, mas descobriram prata no Peru e no México, que remeteram para a sua pátria. Isso tornou a Espanha o país mais rico e poderoso da Europa.

Os colonos espanhóis trouxeram consigo diversas doenças europeias, como a varíola e a gripe, que dizimaram as populações locais; além disso, milhões de nativos foram obrigados a trabalhar até a morte em plantações e minas de prata. As perdas humanas que se seguiram chegaram a ultrapassar os patamares da

Peste Negra. Estima-se que entre 1492 e 1650 a população indígena das Américas diminuiu entre 80 e 90%. À medida que os trabalhadores nativos morriam, escravos eram trazidos da África para substituí-los, fornecidos principalmente pelos portugueses, que em 1500 haviam descoberto o Brasil.

A NOVA FRANÇA

O território norte-americano que hoje é o Canadá foi habitado primeiramente por nativos americanos e, no extremo norte, pelos inuítes (esquimós). Os primeiros europeus a chegar no continente foram os vikings, que no ano 1000 se estabeleceram, por pouco tempo, na extremidade norte da Terra Nova. Quase cinco séculos mais tarde, em 1497, a ilha foi visitada pelo navegador italiano John Cabot (Giovanni Caboto), viajando sob a bandeira inglesa.

Em 1534, foi a vez do explorador francês Jacques Cartier, que tentou, sem sucesso, estabelecer uma colônia francesa na área do rio São Lourenço. Em 1583, um aventureiro inglês, sir Humphrey Gilbert, fundou, na Terra Nova, o povoado de St. John's — a primeira cidade europeia em território norte-americano. No ano de 1604, comerciantes de peles franceses se estabeleceram na Acádia, e, em 1608, o explorador francês Samuel de Champlain construiu um posto comercial às margens do rio São Lourenço, que veio a se transformar na cidade de Quebec. Caçadores de peles e missionários católicos exploraram os Grandes Lagos e a baía do Hudson. Em 1682, o explorador francês Robert de La Salle seguiu o Mississippi até sua foz, tomando posse de todo o vale do rio, que batizou de Louisiana, em homenagem a Luís XIV, então rei da França.

O nome Canadá — derivado da palavra usada pelos índios iroqueses para designar o rio São Lourenço — começou a ser

CAPÍTULO QUATRO: O MUNDO EM MOVIMENTO

usado de forma alternada com a expressão "Nova França". Em meados do século XVII, conflitos brutais conhecidos como Guerras dos Castores (ou Guerras dos Iroqueses) eclodiram entre os iroqueses, que buscavam o monopólio do comércio de peles, e tribos algonquinas, apoiadas pelos franceses. No final do século, as disputas entre franceses e ingleses na Europa acarretaram quatro guerras intercoloniais (1688-1763), durante as quais a Nova França e a Nova Inglaterra se digladiaram, cada colônia com seus respectivos aliados nativos. Em 1713, a França foi obrigada a entregar à Grã-Bretanha grande parte da Acádia, Terra Nova e baía do Hudson. O restante da Nova França foi cedido aos britânicos e aos espanhóis após o término da Guerra dos Sete Anos, em 1763.

Assentamentos Europeus na América do Norte

A primeira colônia inglesa na América do Norte foi a Virgínia e seu primeiro povoado foi Jamestown, fundado em 1607. O nome "Virgínia" foi escolhido pelo explorador Walter Raleigh — que tentara, sem sucesso, estabelecer uma colônia na região em 1584 — como homenagem à rainha Elizabeth I, conhecida como a "Rainha Virgem", e o nome "Jamestown" foi um tributo ao rei Jaime I.

A vida para os colonos era perigosa: mais de 80% deles morreram durante o inverno de 1609-10. No início, os nativos americanos locais — os *powhatan* — chegaram a compartilhar alimentos com os recém-chegados, mas as relações se deterioraram e acabaram se transformando em desconfiança mútua e conflitos. O assentamento da Virgínia dependia muito das plantações de tabaco, cultivadas inicialmente por empregados contratados e depois por escravos africanos, que começaram a ser trazidos para a região em 1619.

Em 1620, protestantes separatistas que haviam chegado no famoso navio *Mayflower* fundaram o povoado de Plymouth, no que é hoje o estado de Massachusetts. As condições também eram dificílimas, mas cerca de metade dos colonos sobreviveu ao primeiro inverno, em grande parte graças ao apoio de nativos norte-americanos. Outros puritanos ingleses chegaram em 1629, e a colônia prosperou.

Entre 1623 e 1732, colônias inglesas foram estabelecidas na costa leste da América do Norte, de New Hampshire até a Carolina do Sul. Colonos de outras nações europeias também chegaram no século XVII, inclusive os holandeses, que em 1624 estabeleceram a Nova Holanda, cuja capital era um vilarejo chamado Nova Amsterdã (hoje Nova York), e os suecos, que em 1638 se fixaram em Delaware. Ambos os assentamentos foram tomados pelos ingleses na década de 1660. Alemães se estabeleceram na Pensilvânia e na Geórgia, e indivíduos de outras nacionalidades, como escandinavos, suecos, poloneses, irlandeses, italianos e franceses, vieram acrescentar diversidade cultural aos colonos, enquanto navios continuavam a trazer escravos da costa oeste da África (págs. 78 e 114-5).

OCEANIA

DESCOBERTAS EUROPEIAS NAS ILHAS DO PACÍFICO

As ilhas do centro e sul do oceano Pacífico foram colonizadas por polinésios (cuja origem pode ser a Indonésia) entre 2500 e 1500 a.C. Os polinésios eram navegadores competentes e, entre os anos 400 e 500, já haviam ocupado a maioria das ilhas da Polinésia, muitas das quais — entre elas Tonga, Samoa,

CAPÍTULO QUATRO: O MUNDO EM MOVIMENTO

Taiti e as ilhas havaianas — desenvolveram sociedades avançadas, embora distantes do resto do mundo.

Os europeus fizeram contato com as terras do Pacífico pela primeira vez no século XVI. Em 1511, os portugueses aportaram em Malaca, na Malásia. No ano seguinte, chegaram às famosas ilhas Molucas (que se tornaram conhecidas como "Ilhas das Especiarias") e a Macássar, na Indonésia. Em 1514, desembarcaram no Timor, e em 1527, na Nova Guiné. Em 1521, o navegador português Fernão de Magalhães, liderando uma frota de três navios a serviço da Espanha, alcançou a ilha de Guam e as Filipinas. Em seu regresso à Espanha (sem Fernão de Magalhães, que fora morto nas Filipinas), a frota realizou a primeira viagem marítima ao redor do mundo.

No início do século XIII, a remota ilha da Nova Zelândia foi colonizada pelos maoris, que vieram da Polinésia em grandes canoas. Ao longo dos séculos, a marcante cultura maori se desenvolveu nas ilhas. O primeiro europeu a alcançar a Nova Zelândia foi o explorador holandês Abel Tasman, em 1642. Ele descobriu também a Tasmânia, que recebeu esse nome em sua homenagem.

A Austrália era habitada por povos aborígenes há cerca de 50 mil anos, mas o primeiro registro de sua existência feito por europeus foi em 1606, quando o navegador holandês Willem Janszoon avistou a península do cabo York. Ao longo do século XVII, os holandeses mapearam os litorais norte e oeste da Austrália (que chamavam de "Nova Holanda"), mas não tentaram colonizar o território. William Dampier, explorador e corsário inglês, desembarcou na costa noroeste em 1688 e novamente em 1689. Porém, somente no século XVIII foram feitas tentativas para estabelecer colônias no continente (pág. 142).

Revoluções e Imperialismo Europeu

1700 — 1900

ORIENTE MÉDIO E ÁFRICA

Os Impérios Oyo e Ashanti
Durante o século XVIII, o tráfico de escravos africanos continuou a se expandir (pág. 112). Pequenos estados africanos próximos à costa ocidental funcionavam como fornecedores para os europeus e se tornavam impérios de tamanho considerável.

O reino iorubá de Oyo, situado no que é hoje o sudoeste da Nigéria e o sul do Benim, expandiu-se para o sudoeste no século XVIII, assegurando assim uma rota para a costa e dominando o tráfico de escravos no Atlântico. Os povos das terras conquistadas — entre elas o Reino de Daomé — eram vendidos aos europeus ou usados como mão de obra escrava nas fazendas do reino. Para governar seus territórios, os oyo desenvolveram uma estrutura política altamente sofisticada. O império ruiu no início do século XIX, em decorrência de revoltas locais, incursões estrangeiras e declínio na demanda de escravos.

O Império Ashanti controlou, durante os séculos XVIII e XIX, o que é hoje o sul de Gana, o Togo e a Costa do Marfim. Sua riqueza se baseava no comércio de ouro e de escravos, os quais negociava com mercadores britânicos e holandeses em troca de armas de fogo. Seu território, que incluía alguns estados antes sujeitos ao reino de Denkyira, tinha entre 3 e 5 milhões de habitantes, governados por uma poderosa administração central estabelecida em Kumasi, cidade que também se tornou um centro produtor de ornamentos de ouro e prata.

No século XIX, os ashanti empreenderam uma série de campanhas militares contra o poder colonial da Grã-Bretanha, que procurava reforçar sua posição na África Ocidental. Alguns sucessos iniciais foram seguidos por uma virada na sorte em 1826, quando perderam territórios para os britânicos. Em 1902, finalmente, o Império Ashanti foi submetido ao Império Britânico.

OS EUROPEUS EXPLORAM O INTERIOR DA ÁFRICA

Na segunda metade do século XVIII, as nações europeias já haviam explorado grande parte da costa da África, onde estabeleceram postos de comércio e implementaram o tráfico de escravos. O vasto interior africano, entretanto, ainda permanecia quase desconhecido dos europeus, até que, no final do século XVIII e no XIX, exploradores e missionários começaram a se aventurar terra adentro.

Dois escoceses estão entre os primeiros europeus a desbravar o interior. Um deles foi James Bruce, que em 1770, durante suas viagens na Abissínia (Etiópia), descobriu a nascente do Nilo Azul. Outro foi Mungo Park, que em 1795 explorou a Gâmbia e, segundo os registros, foi o primeiro europeu a alcançar o rio Níger. No século seguinte, a Société de Géographie, sediada em Paris, ofereceu um prêmio de 10 mil francos ao primeiro não muçulmano que voltasse da África com informações sobre Timbuctu. O prêmio foi reclamado em 1828 pelo francês René Caillié, após regressar são e salvo dessa cidade da África Ocidental. Por volta de 1835, a maior parte do noroeste da África já fora mapeada pelos europeus.

No século XIX, o mais famoso explorador europeu foi o missionário protestante escocês David Livingstone, que em 1855 descobriu as Cataratas de Vitória e as batizou em homenagem à então monarca britânica. Em 1866, ele liderou uma expedição à procura da nascente do rio Nilo (o Nilo Azul é apenas um de seus tributários). Sua morte desencadeou uma obsessão pelo interior da África. Em 1858, os exploradores britânicos John Hanning Speke e sir Richard Burton se tornaram os primeiros europeus a alcançar o lago Tanganica. Speke também descobriu outro grande lago, que batizou, não muito surpreendentemente, de lago Vitória (que mais tarde se comprovou ser a nascente do Nilo). Em 1875, o viajante britânico Verney Cameron se tornou o primeiro europeu a cruzar o continente africano de leste a oeste.

O Tráfico de Escravos e a Abolição da Escravatura
O tráfico de escravos da África para as colônias europeias das Américas aumentou intensamente durante o século XVIII. Na década de 1780, 90 mil escravos africanos foram transportados anualmente através do Atlântico. Em meados do século XIX, quase 10 milhões de africanos já haviam sido levados para o Novo Mundo, o que representa a maior migração forçada da história.

O tráfico de escravos no Atlântico, de modo geral, obedecia a um sistema triangular, em que navios procedentes da Europa viajavam até a África Ocidental levando tecidos de algodão, ferramentas e armas de fogo (utilizadas pelos africanos para

CAPÍTULO CINCO: REVOLUÇÕES E IMPERIALISMO EUROPEU

capturar escravos). Essas mercadorias eram trocadas por escravos, que eram então transportados para as Américas. Das Américas os navios retornavam à Europa, com açúcar e outros produtos fabricados nas colônias. Além dos quase 10 milhões de escravos que chegavam a seu destino, 2 milhões morriam em trânsito. A brutalidade da escravidão atingiu a consciência de muitos europeus e, no final do século XVIII, grupos religiosos da Grã-Bretanha começaram a fazer campanhas pela abolição da escravatura. Em 1807, a Grã-Bretanha (a maior nação comercial) tornou o tráfico ilegal para os mercadores ingleses. Porém, como a demanda por açúcar era alta, o transporte de escravos continuou a todo vapor, principalmente para a América do Norte, Brasil e Cuba. Governantes da África Ocidental, onde diversas economias dependiam muito da escravidão, também relutavam em abolir a captura e o comércio de escravos. Somente em 1833 a escravidão foi abolida no Império Britânico.

A abolição da escravatura em 1865, durante a Guerra Civil norte-americana (pág. 140), acabou forçando Cuba e Brasil a fazer o mesmo, em 1886 e 1888, respectivamente. Esse foi o fim do tráfico de escravos no Atlântico, embora mercadores árabes e africanos tenham continuado a transportar escravos para o Norte e Leste da África, prática que só terminou no século XX.

A DISPUTA PELA ÁFRICA

As explorações europeias do interior da África (pág. 111), juntamente com novas informações sobre seus inexplorados recursos minerais, metais preciosos e produtos tropicais, aguçaram o interesse das potências europeias, cujas indústrias estavam sequiosas por matérias-primas. Somado a uma elevada tensão no mapa político da Europa, o resultado foi uma frenética partilha do continente no último quarto do século XIX (a qual foi chamada de "Disputa pela África" em uma conferência realizada em 1884 na cidade de Berlim, que encorajou os rivais europeus a dividir o continente).

Com os europeus lutando tanto entre si quanto contra nações africanas, guerras começaram a assolar o Oeste, o centro e o Leste da África. A França assegurou territórios no Norte, Oeste e nas proximidades do equador; os alemães e os belgas obtiveram territórios às margens do rio Congo; no Sul, os portugueses ocuparam Angola e Moçambique, enquanto os britânicos dominaram o Leste — da África do Sul até o Egito —, bem como partes do Oeste (num total de 10 milhões de km^2). Outras nações europeias, entre elas a Itália e a Espanha, reivindicaram o restante.

Muitos povos africanos — como os ashanti, os abissínios, os dervixes, os zulus e os marroquinos — lutaram contra a agressão europeia, inicialmente com algum sucesso, mas quase todos se viam indefesos diante do poder de fogo dos europeus. Os governantes europeus traçaram as fronteiras de suas colônias sem nenhuma conexão com a geografia, a distribuição tribal e os idiomas. Em 1914, apenas a Etiópia e a Libéria permaneciam independentes. A Etiópia (antiga Abissínia) repeliu com sucesso a colonização italiana, em 1896, enquanto a Libéria foi estabelecida como Estado independente por escravos norte-americanos libertados na primeira metade do século XIX.

O SUL DA ÁFRICA

Em 1652, a região costeira do Sul da África fora colonizada por holandeses (conhecidos como bôeres, ou africâneres), que

CAPÍTULO CINCO: REVOLUÇÕES E IMPERIALISMO EUROPEU

subjugaram ou desalojaram a população nativa da região, os khoisan e khoikhoi (os khoisan se retiraram para as montanhas). Em 1770, os bôeres adentraram o interior, onde encontraram os xhosa, mais sedentários. Seguiu-se um século de guerras (as "Guerras dos Xhosa", de 1779 a 1879), à medida que os holandeses, e também colonos britânicos, avançavam para a região do rio Great Fish, a leste.

Em 1795, com o propósito de proteger sua rota marítima para a Índia, a Grã-Bretanha ocupara a área do Cabo da Boa Esperança, onde em 1806 fundou a colônia do Cabo. Numa tentativa de escapar do controle britânico na região (e da abolição da escravatura), 12 mil bôeres se deslocaram para o norte entre 1835 e 1843, em um movimento que ficou conhecido como a "Grande Jornada". Alcançaram então os territórios das futuras províncias de Natal, Orange e Transvaal. No início, os britânicos reconheceram sua independência.

Enquanto isso, os zulus (aguerrido povo de língua banto), que haviam se tornado mais poderosos, expandiam seu território, liderados pelo chefe Shaka (reinou de 1816 a 1828). Isso provocou uma guerra generalizada entre tribos nativas, entre 1815 e 1840. Em 1879, os britânicos invadiram o reino zulu e, após uma derrota em Isandhlwana, capturaram Ulundi, a capital. Com o nome de Zululândia, o território zulu foi transformado em colônia britânica em 1887 e, dez anos mais tarde, incorporado à colônia de Natal.

A descoberta de ouro e diamantes no Transvaal gerou tentativas dos britânicos (secretamente apoiados pelo imperialista Cecil Rhodes) para se apoderar da província. Londres havia se tornado o eixo financeiro do mundo e precisava de um constante fluxo de ouro para suprir suas necessidades, o que acabou acarretando uma guerra encarniçada entre bôeres e britânicos (1899-1902). Os bôeres conquistaram algumas vitórias iniciais, mas foram finalmente derrotados por reforços britânicos e pela política de "terra arrasada" do marechal Horatio Kitchener, que ordenou a sistemática destruição das fazendas dos bôeres e o internamento da população civil em campos de concentração. O tratado de paz de 1902 reconheceu a soberania britânica, o que resultou na unificação de todos os territórios sul-africanos em 1910.

O Xá Nader Governa a Pérsia

Muitas vezes descrito como o "Napoleão da Pérsia", o xá Nader dirigiu o país de 1736 a 1747. Mediante uma série de impressionantes campanhas militares, criou um império que por um breve período englobou o atual Irã, o Iraque, o Afeganistão, o Paquistão e Omã, além de partes da Ásia central e do Cáucaso.

De origem turca, Nader cresceu no Norte da Pérsia, durante os anos finais da dinastia safávida (págs. 84-5), e chegou à proeminência em um período de anarquia no país, após a deposição do fraco xá Sultan Husayn por afegãos hotaki e a invasão por otomanos e russos. Nader organizou um exército de 5 mil homens para ajudar o filho de Husayn, o xá Tahmasp II, a recuperar o trono, rechaçando também os otomanos e os russos, e reconquistando os territórios persas perdidos para ambos. Em 1736, Nader se apoderou do trono e se proclamou xá.

A partir de então, iniciou diversas incursões em territórios vizinhos, conquistando o Afeganistão e capturando Cabul. Depois invadiu o Império Mogol, na Índia, onde

CAPÍTULO CINCO: REVOLUÇÕES E IMPERIALISMO EUROPEU

ocupou as cidades de Lahore e Peshawar. Em 1739, saqueou a cidade de Délhi, matando cerca de 30 mil pessoas, e se apossou de grandes tesouros, entre eles o lendário "trono do pavão" e o diamante Koh-i-noor (que acabou se tornando uma das joias da Coroa Britânica). Daí por diante, a saúde de Nader começou a declinar, enquanto seu governo foi se tornando cada vez mais despótico. Em 1747, foi assassinado por um de seus guardas, e seu império se desintegrou rapidamente. Ahmad, um de seus generais, acabou dominando as províncias afegãs e os territórios conquistados no Norte da Índia, dos quais se tornou xá, situação que perdurou até sua morte, em 1773.

EXTREMO ORIENTE

O APOGEU DA CHINA MANCHU

A dinastia Qing, estabelecida pelos manchus, a última dinastia imperial da China (1644-1911), encontrou alguma oposição em seus primeiros anos, mas a partir de 1683 assegurou o controle de todo o país. A partir de então desfrutou de um longo período de paz e prosperidade, muitas vezes chamado de *Pax Sinica*, que significa "paz chinesa".

A dinastia Qing em pouco diferia das anteriores, embora seus funcionários fossem obrigados a usar uma trança (um costume manchu) como sinal de lealdade. Os Qing promoviam o ensino do confucionismo e uma base confuciana para a sociedade, ainda que missionários jesuítas tenham obtido permissão para entrar no império, convertendo cerca de 200 mil pessoas ao cristianismo durante o reinado do imperador Kangxi (governou de 1661 a 1722, o mais longo reinado dos imperadores chineses).

A China atingiu o auge de seu poder durante o reinado do neto de Kangxi, Qianlong (reinou de 1735 a 1796). Progressos agrícolas e industriais aumentaram a riqueza do império, assim como o crescente comércio com a Europa. As artes e a educação escolar foram também encorajadas. Qianlong patrocinou a edição de enormes volumes com clássicos literários, e a arquitetura, a pintura e a produção de trabalhos em porcelana, jade e marfim floresceram.

A dinastia Qing também aumentou em três vezes as dimensões do território chinês, com a incorporação de Taiwan, Manchúria, Mongólia, Tibete e Turquestão.

A população cresceu rapidamente — de 100 a 300 milhões de habitantes ao final do século XVIII. Tal crescimento ocasionou uma escassez de terras e o início de algumas rebeliões, enquanto a corrupção se alastrava no interior da corte imperial. Ao longo do século XIX, os Qing se mostraram incapazes de conter as revoltas internas, notadamente a Rebelião Taiping (pág. 119), bem como a crescente intromissão no país das potências ocidentais (págs. 119-22 e 150).

OS BRITÂNICOS NA ÍNDIA

A invasão do território indiano promovida pelo xá Nader (págs. 116-17) expusera a fragilidade dos imperadores mogóis, cujo poder decrescera progressivamente nas mãos dos vice-reis das províncias. Por volta do ano 1700, a Companhia Britânica das Índias Orientais já estabelecera importantes postos comerciais em Madras, Bombaim (hoje Mumbai) e Calcutá.

Em meados da década de 1700, a hostilidade anglo-francesa provocara uma guerra entre britânicos e franceses pela supremacia na Índia. O general britânico e administrador colonial Robert Clive ("Clive da Índia") conseguiu derrotar

CAPÍTULO CINCO: REVOLUÇÕES E IMPERIALISMO EUROPEU

os franceses no Sul, depois que as forças da França já haviam tomado a cidade de Madras. Em 1757, ele retomou Calcutá de Nawab (Nabob) Siraj ud daula, e sua vitória na Batalha de Plassey (Palashi), nesse mesmo ano, colocou Bengala — a província mais rica da Índia, com cerca de 20 milhões de habitantes — sob o controle da Companhia das Índias Orientais.

Ao longo das décadas seguintes, os britânicos expandiram firmemente seu domínio sobre a região, embora sofrendo forte competição francesa. Em 1806, toda a Índia já estava sob o controle direto, ou pelo menos sob a influência da Companhia das Índias Orientais. A companhia mantinha um exército próprio, de 300 mil homens, o mais temível da Ásia, que a ajudou a sustentar o domínio sobre a Índia e que também lutou intensivamente em outras regiões.

Quando a Revolução Industrial se firmou na Grã-Bretanha, a Índia começou a exportar matérias-primas (como índigo e algodão cru, além de ópio para a China), em vez de tecidos manufaturados. A Companhia das Índias Orientais, por sua vez, começou a atuar mais como um instrumento do governo colonial, tendo perdido o monopólio do comércio com a Índia em 1813. Insurreições generalizadas durante a Revolta dos Cipaios, em 1857, fizeram com que o controle da Índia passasse da Companhia das Índias Orientais para o governo britânico, o que ocorreu em 1858. Em 1876, a rainha Vitória foi proclamada Imperatriz da Índia.

As Guerras do Ópio e a Rebelião Taiping na China

Quando a autoridade da dinastia Qing (manchu) começou a enfraquecer, a China foi se tornando cada vez mais vulnerável

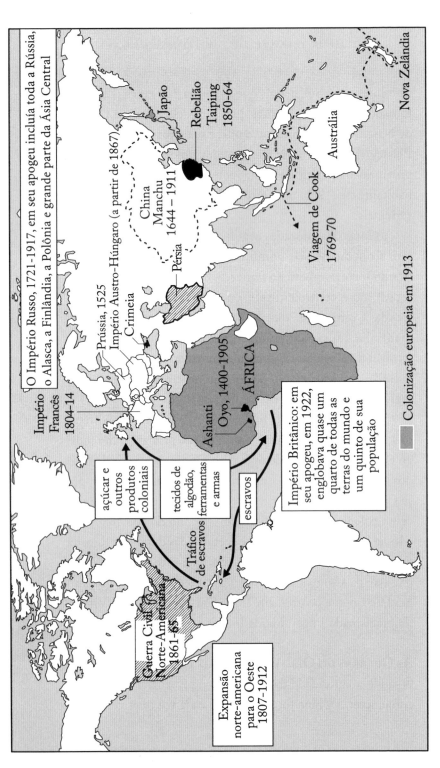

5 Expansão até a Primeira Guerra Mundial, 1400-1911

CAPÍTULO CINCO: REVOLUÇÕES E IMPERIALISMO EUROPEU 121

a intervenções internacionais, enquanto guerras civis e rebeliões devastavam sua economia e provocavam a perda de milhões de vidas.

No início do século XIX, decididos a abrir as portas do comércio na China, mercadores britânicos começaram a exportar para esse país o ópio proveniente da Índia, que trocavam por chá e tecidos de seda. O ópio era popular entre a elite britânica, além de ajudar no combate à disenteria, infecção comum na China. Para impedir tal comércio, os chineses destruíram 20 mil caixas com ópio e 42 mil cachimbos que encontraram nos armazéns britânicos. Esses enviaram uma frota de 16 navios de guerra, que sitiaram Cantão (hoje Guangzhou) e, em 1842, capturaram Xangai. A guerra terminou com o Tratado de Nanquim, no qual a cidade de Hong Kong foi cedida aos britânicos.

A Segunda Guerra do Ópio (1856 a 1860) eclodiu quando as autoridades Qing se recusaram a negociar condições mais favoráveis para o Tratado de Nanquim. Dessa vez os franceses se uniram aos britânicos em um ataque conjunto: Pequim foi ocupada e, em 1860, os chineses acabaram subscrevendo o Tratado de Tianjin, que abria dez novos portos para o comércio com o Ocidente.

Paralelamente, os Qing enfrentavam diversos levantes camponeses, provocados em parte por sua administração corrupta e pelo crescimento populacional (por volta de 1850 beirava os 500 milhões de habitantes). Os levantes culminaram em uma guerra civil, em 1850, quando o fanático religioso Hong Xiuquan, determinado a libertar a China do domínio manchu, liderou um exército rebelde com cerca de 1 milhão de homens em direção a Nanquim. Em 1853, os rebeldes a ocuparam, formando nos territórios conquistados o "Reino Celestial de Taiping". A revolta então se alastrou para 15 outras províncias. Porém, em 1864, com o auxílio de tropas britânicas e francesas, Nanquim foi reconquistada, e a rebelião, dominada. A guerra custou cerca de 20 milhões de vidas, de civis e militares (foi a guerra civil mais destrutiva da história); cidades inteiras foram dizimadas, e a dinastia Qing jamais recuperou sua autoridade ou status.

A RESTAURAÇÃO MEIJI NO JAPÃO

A partir de 1639, o Japão passou a ter pouco contato com o mundo devido à política externa isolacionista do xogunato de Tokugawa (págs. 85-6), que limitava severamente o comércio exterior, além de proibir qualquer japonês de sair do país e qualquer estrangeiro de entrar. Essa situação terminou em 1853, com a chegada de quatro navios da marinha norte-americana, que obrigaram o Japão a abrir seus portos para o comércio com os Estados Unidos.

Seguiram-se novos tratados com outras potências, entre elas a Grã-Bretanha e a Rússia, com concessões que revelavam a fraqueza do xogunato. Em 1866, ocorreu uma rebelião aberta dos daimiôs (proprietários de terras ou pessoas influentes), que resultou na renúncia do último xógum Tokugawa e na restauração do poder do imperador Mutsuhito, em 1868. Essa transformação ficou conhecida como Restauração Meiji, e o período subsequente como Era Meiji, nome escolhido pelo imperador para seu reinado.* O slogan do Império Meiji era "país rico e braços fortes".

---

* Meiji, em japonês, significa "Governo Iluminado". (N.T.)

CAPÍTULO CINCO: REVOLUÇÕES E IMPERIALISMO EUROPEU   123

Um ano mais tarde, a capital imperial foi transferida de Quioto para Edo (rebatizada como Tóquio), e diversas reformas, destinadas a fortalecer e modernizar o Japão para que pudesse resistir à dominação ocidental, foram postas em prática. O governo promulgou uma Constituição em estilo ocidental, desmantelou o sistema de daimiôs e samurais, estabeleceu um sistema nacional de educação (conferindo ao Japão, por volta de 1900, taxa de alfabetização de quase 100%) e buscou informações no exterior sobre assuntos relacionados a finanças, agricultura, engenharia e tecnologia militar. Implementou também o desenvolvimento industrial, construindo fábricas, portos e estradas de ferro. As exportações do país subiram de 30 milhões de ienes, entre 1878 e 1882, para 932 milhões entre 1913 e 1917.

A modernização do Japão permitiu que o país derrotasse a China na Guerra Sino-Japonesa (1894-95), deflagrada por uma disputa pelo controle da Coreia. Os chineses foram forçados a aceitar a independência da Coreia e ceder territórios ao Japão, incluindo Taiwan. O Japão também assombrou a Europa ao derrotar as tropas russas, em mar e terra, na Guerra Russo-Japonesa (1904-5), que acarretou uma mudança na balança de poder do Oriente e contribuiu para a eclosão da Revolução Russa de 1905 (págs. 164-65).

EUROPA

A Ascensão da Rússia

No século XVIII, a Rússia emergiu na Europa como potência. Ao longo dos dois séculos precedentes foi deixando de ser o pequeno principado de Muscovy e se tornou um império que se estendia por 12 mil km, do mar Báltico até o oceano Pacífico.

Embora grande, a Rússia ainda era relativamente isolada e menos desenvolvida que o restante da Europa. Foi Pedro I ("o Grande") — que reinou em conjunto com seu meio-irmão, Ivan V, de 1682 a 1696, e como único governante até 1725 — quem adotou medidas para transformar a Rússia em um império parcialmente ocidentalizado. Decidido a construir um importante porto no Báltico, ordenou a drenagem de pântanos próximos ao rio Neva e criou a cidade de São Petersburgo (que ficou conhecida como a "janela de Pedro para o Ocidente"). Em sintonia com a Europa Ocidental, o tsar Pedro I modernizou velhos sistemas de administração, promoveu a educação escolar, reorganizou a Igreja e até proibiu as classes dirigentes de usar os tradicionais cafetãs, bem como barbas e cabelos compridos.

Após modernizar as forças armadas e criar a primeira marinha da Rússia, Pedro travou a Grande Guerra do Norte contra a Suécia — país que, com as vitórias do rei Gustavo Adolfo na Guerra dos Trinta Anos, tornara-se a maior potência do Norte da Europa. A vitória da Rússia, em 1721, deu a Pedro o acesso ao mar Báltico. Em seguida, o tsar anexou a Estônia, a Letônia e partes da Finlândia. Foi menos bem-sucedido no ataque ao Império Otomano, em 1710, em que foi obrigado a devolver os portos do mar Negro, que tomara em 1697.

Em 1725, após sua morte, o território russo continuou a crescer, assim como sua influência. Sob o governo das imperatrizes Elizabeth I e Catarina, a Grande, a Rússia conseguiu dominar a Polônia e obter uma série de vitórias contra os turcos otomanos. Em 1815, após a derrota final de Napoleão (págs. 128-9), a Rússia e a Áustria se consolidaram como as maiores potências da Europa continental.

CAPÍTULO CINCO: REVOLUÇÕES E IMPERIALISMO EUROPEU   125

AS GUERRAS DOS ANOS 1700 E O SURGIMENTO DA PRÚSSIA

No início do século XVIII, a Europa se viu envolvida em um conflito pelo controle da Espanha e seu império. A Guerra da Sucessão Espanhola (1702-13) eclodiu quando o príncipe francês Filipe de Anjou herdou o trono espanhol. A perspectiva de uma união entre a Espanha e a França espalhou ondas de choque através da Europa. Em 1701, britânicos, holandeses e grande parte dos príncipes alemães formaram uma aliança em favor da reivindicação austríaca ao Império Espanhol. As lutas se travaram principalmente na Europa, mas também na América do Norte, onde os ingleses combateram os franceses na "Guerra da Rainha Ana", entre 1702 e 1713. A guerra terminou com o Tratado de Utrecht, em 1713, que reconhecia Filipe de Anjou como Filipe V da Espanha, mas o removia da linha de sucessão francesa. Na América do Norte, os britânicos obtiveram consideráveis ganhos territoriais.

Enquanto isso, o Reino da Prússia (proclamado em 1701), com seu grande exército permanente, surgiu como sério rival da supremacia da Áustria na Alemanha. Em 1740, Frederico, o Grande, da Prússia, anexou a rica província austríaca da Silésia, e conseguiu mantê-la durante a subsequente Guerra da Sucessão Austríaca (1740-48). As lutas foram reiniciadas na Guerra dos Sete Anos (1756-63), na qual a Prússia lutou contra Rússia, França, Áustria e Suécia, enquanto sua aliada, a Grã-Bretanha, lutava contra a França na América do Norte, África e Índia. A guerra terminou sem mudanças significativas no mapa da Europa, embora a Silésia tivesse permanecido prussiana, e a Prússia, atingido o patamar das grandes potências. Conquistando a maior parte da Nova França — o Canadá e a América do Norte a leste do Mississippi —, a Flórida espanhola e o Senegal, além de superioridade militar sobre os franceses na Índia, a Grã-Bretanha se firmou como a maior potência colonial da época e se consolidou internamente, unindo-se à Escócia em 1707.

A Era do Iluminismo

O Iluminismo, ou Era da Razão, foi um movimento cultural e filosófico baseado no poder da razão. Em sua origem está o desenvolvimento científico no século XVII — notadamente por meio das obras do filósofo e matemático francês René Descartes (1596-1650) e, mais tarde, do matemático inglês Isaac Newton (1642-1727), cujas descobertas a respeito das leis da gravidade e do movimento influenciaram o trabalho de muitos outros cientistas na Europa.

Ganhando impulso no século XVIII, os pensadores do Iluminismo questionaram a ordem social estabelecida e as instituições, atacando tanto as superstições quanto a própria Igreja como inimigas da razão. Escritores e filósofos, como Voltaire e Rousseau, começaram a aplicar os princípios do Iluminismo à sociedade, defendendo o ponto de vista de que todas as pessoas são iguais. Na Grã-Bretanha, Adam Smith e David Hume defendiam o liberalismo econômico e o empirismo, enquanto o escritor e ativista político Thomas Paine escrevia a favor da independência norte-americana e da Revolução Francesa.

A força intelectual do Iluminismo se espalhou para outros centros urbanos da Europa. Poderosos monarcas europeus começaram a receber os filósofos em suas cortes (embora nem sempre pusessem em prática suas ideias progressistas). Frederico, o Grande, da Prússia, que patrocinou filósofos e cientistas, via a si mesmo como líder do Iluminismo. Na Rússia, principalmente sob o comando de Catarina, a Grande, o governo incentivava as artes e as ciências. Na América do Norte,

CAPÍTULO CINCO: REVOLUÇÕES E IMPERIALISMO EUROPEU 127

os ideais iluministas influenciaram Benjamin Franklin e Thomas Jefferson, dois dos fundadores dos Estados Unidos. Ajudadas pela ampla penetração da imprensa, as teorias do Iluminismo influenciaram a política, o direito, a economia, a teoria científica e as artes, formando a base intelectual para a Revolução Francesa e a Revolução Norte-Americana.

A REVOLUÇÃO FRANCESA

A França pré-revolucionária era um paradigma da Velha Europa: seus reis Luís XV e Luís XVI, sucessores do Rei-Sol, não fizeram reformas convincentes e continuaram a viver em pomposo esplendor. Juntamente com a aristocracia, estavam isentos de pagar impostos, enquanto a classe média e os pobres eram obrigados a sustentar todo o país na paz ou na guerra. O envolvimento da França em guerras onerosas acabou provocando uma crise financeira, enquanto as péssimas colheitas da década de 1780 elevaram o preço dos alimentos e jogaram grande parte da população na mais extrema miséria.

Em 1789, para lidar com a crise, o governo se reuniu com os chamados Estados Gerais, uma assembleia representativa composta pela nobreza, o clero e a classe média (o Terceiro Estado). Quando se tornou claro que a nobreza e o clero poderiam prevalecer sobre o Terceiro Estado, os líderes burgueses iniciaram uma luta por direitos iguais reunindo-se novamente e se autoproclamando Assembleia Nacional. Em Paris, uma multidão enfurecida invadiu a prisão da Bastilha, em 14 de julho de 1789, e uma série de rebeliões camponesas se alastrou em grande parte da França. A Assembleia Nacional aboliu os privilégios da nobreza, redigiu a Declaração dos Direitos do Homem e tentou estabelecer princípios de igualdade, cidadania e direitos inalienáveis.

Crescentes ameaças militares por parte da Áustria e da Prússia radicalizaram a política: a monarquia foi abolida e, em 1792, estabeleceu-se uma república. O rei Luís XVI e a rainha Maria Antonieta foram executados em 1793. Uma ala radical do governo, o Comitê de Segurança Pública, sob o comando dos jacobinos de Maximilien Robespierre, subiu então ao poder, desencadeando o "Reino do Terror" em que cerca de 40 mil indivíduos — muitos deles camponeses ou trabalhadores urbanos — foram executados. Quando o próprio Robespierre foi enviado à guilhotina, em 1794, O Terror terminou. Em 1795, um novo governo, denominado Diretório, assumiu o controle do Estado francês, até que um jovem general, Napoleão Bonaparte (ver a seguir), tomasse o poder em 1799.

AS GUERRAS REVOLUCIONÁRIAS E NAPOLEÔNICAS DA FRANÇA E O CONGRESSO DE VIENA

Entre 1792 e 1815, diversas coalizões europeias lutaram contra a França. Primeiramente foram as Guerras Revolucionárias Francesas (1792-1802), quando a França procurou se defender e difundir o republicanismo; depois, as Guerras Napoleônicas (1803-15), nas quais Napoleão Bonaparte tentou dominar a Europa.

A Áustria, a Prússia, a Espanha, as Províncias Unidas (antecessoras dos Países Baixos) e a Grã-Bretanha formaram a primeira coalizão contra a França, inicialmente com o propósito de devolver o poder a Luís XVI. Em 1796, o novo comandante das tropas francesas, Napoleão Bonaparte, conquistou uma sequência de vitórias decisivas contra os austríacos no Norte da Itália. No início de 1797, a França aniquilou a coalizão no continente e isolou a Grã-Bretanha. Em 1798,

CAPÍTULO CINCO: REVOLUÇÕES E IMPERIALISMO EUROPEU

entretanto, Napoleão foi derrotado pelo almirante inglês Horatio Nelson na Batalha do Nilo, travada na costa do Egito. Um ano mais tarde, Napoleão derrotou os austríacos na Batalha de Marengo. Tratados de paz com a Áustria (1801) e a Grã-Bretanha (1802) puseram fim às Guerras Revolucionárias Francesas.

Em 1803, a guerra irrompeu novamente e, em 1805, Nelson destruiu as frotas combinadas da Espanha e da França na Batalha de Trafalgar, durante a qual foi mortalmente ferido. No mesmo ano, Napoleão derrotou a Áustria e a Rússia na Batalha de Austerlitz. Grande parte da Europa Ocidental estava agora sob o controle do Império Francês. Em seguida, Napoleão pôs a Espanha na alça de mira, mas foi rechaçado da península Ibérica pela Espanha, Portugal e Grã-Bretanha em 1811. Napoleão foi finalmente derrotado quando atacou a Rússia, em 1812, perdendo cerca de meio milhão de homens durante o rigoroso inverno. Em 1814, foi obrigado a abdicar. Retornou ao poder brevemente, em 1815, mas foi derrotado por forças prussianas, britânicas e belgas na Batalha de Waterloo. A seguir, o Congresso de Viena, idealizado pelo estadista e príncipe austríaco Von Metternich e realizado em 1814-15 (o congresso prosseguiu mesmo durante o retorno de Napoleão), estabeleceu um novo equilíbrio de poder na Europa, centrado nas cinco "Grandes Potências": Grã-Bretanha, França, Prússia, Áustria e Rússia. O mapa político da Europa foi redesenhado, e um novo rei instalado na França; a republicana Holanda se uniu à Bélgica sob um mesmo soberano; a Polônia e a Itália foram redistribuídas entre as Grandes Potências. Alguns historiadores acreditam que o acordo evitou, por quase 100 anos, uma guerra generalizada na Europa.

A Revolução Industrial

Durante o século XVIII, a melhoria das técnicas agrícolas e o cercamento extensivo de campos e pastagens aumentaram a produção do agronegócio na Grã-Bretanha. Isso ensejou o crescimento populacional e a ascensão de uma nova classe de trabalhadores sem terra, o que contribuiu para deflagrar uma grande transformação nos métodos de manufatura britânicos, hoje conhecida como Revolução Industrial.

Os progressos dessa revolução incluem a introdução de máquinas na indústria têxtil (como a máquina de fiar hidráulica (Spinning Jenny), patenteada em 1770 por James Hargreaves), a primeira fábrica de Richard Arkwrisht, em 1771; produção em massa de ferro-gusa por meio de altos-fornos alimentados por carvão mineral, em vez de carvão vegetal (processo desenvolvido por Abraham Darby em 1709), e o uso de motores a vapor para movimentar máquinas em fábricas (processo desenvolvido em 1782 pelo engenheiro escocês James Watt). Esses avanços tecnológicos facilitaram o surgimento da produção em grande escala, ensejada por fábricas baseadas no trabalho mecânico, que substituíam a manufatura doméstica, de características rurais, baseada no trabalho manual. A industrialização também acelerou a urbanização e, por volta de 1850, metade da população britânica vivia em cidades.

A industrialização desenvolveu-se em paralelo com os aprimoramentos no transporte: milhares de novas estradas foram construídas na Grã-Bretanha no século XVIII, juntamente com uma ampla rede de canais. Em 1825, foi construída a primeira estrada de ferro para locomotivas a vapor destinada ao transporte de passageiros. A locomotiva usada foi a *Locomotion*, construída por George Stephenson. Em 1855, milhares de ferrovias ziguezagueavam pela Grã-Bretanha.

CAPÍTULO CINCO: REVOLUÇÕES E IMPERIALISMO EUROPEU 131

O processo de industrialização se alastrou pelo restante da Europa no século XIX. Novas minas de carvão descobertas no vale do rio Ruhr, na Alemanha, e em Pas de Calais, na França, facilitaram a expansão das estradas de ferro a partir da década de 1850. Após a unificação da Alemanha, em 1871, as indústrias se espalharam rapidamente pelo país, especialmente as de aço, química e produtos elétricos. Ferrovias foram estabelecidas em vários outros países, principalmente na Europa. Em 1869, os Estados Unidos construíram a primeira estrada de ferro transcontinental. Aliás, nesse país, a industrialização cresceu de tal forma que por volta de 1900 já se tornara uma potência industrial.

SOCIEDADE INDUSTRIAL, MARXISMO E REVOLTAS

Enquanto donos de indústrias e negociantes de classe média prosperavam durante a Revolução Industrial, a vida do trabalhador comum ainda era dura e inclemente.

A concentração de trabalhadores em moinhos, fábricas e áreas urbanas despertou um senso de solidariedade entre eles, e deu origem a sindicatos, criados com o propósito de apoiar reivindicações trabalhistas. O primeiro movimento trabalhista genuíno, na Grã-Bretanha, foi o cartismo, que a partir de 1838 começou a clamar pelo voto universal (a Lei de Reforma de 1832 ampliara o direito de voto, mas não instituíra nada parecido com o sufrágio universal). Porém, o movimento cartista se desintegrou em 1848, em parte devido à repressão do governo e em parte à própria perda de impulso.

No continente europeu, o descontentamento e o desemprego entre as classes trabalhadoras, somados a uma irrupção de nacionalismo e à crescente exigência de reformas constitucionais e sociais por parte da classe média liberal, suscitaram uma série de revoltas em 1848. A onda revolucionária teve início na

França, espalhando-se então para grande parte da Europa, incluindo Hungria, Áustria, Irlanda, Suíça, Dinamarca e muitos dos Estados alemães e italianos. No final de 1849, todas as revoltas haviam sido debeladas, mas os governos foram forçados a ouvir a voz do povo, e os ideais de democracia, liberalismo, nacionalismo e socialismo ganharam popularidade.

Dois dos escritores que interpretaram a ideologia da classe trabalhadora foram os alemães Karl Marx e Friedrich Engels. Conforme escreveram em seu *Manifesto Comunista*, publicado em 1848, acreditavam que forças econômicas moldavam a história e que o Estado socialista — uma sociedade sem classes, fundada na abolição da propriedade privada e na posse comum dos meios de produção — só poderia ser alcançado por uma violenta revolução. Isso alarmou os liberais de classe média da Europa (muitos dos quais admiravam o governo parlamentar da Grã-Bretanha), que optaram por se sujeitar aos velhos regimes políticos, desde que tivessem voz no governo.

"A Questão Oriental" e a Guerra da Crimeia

"A Questão Oriental" surgiu quando o Império Otomano começou a declinar, principalmente após a Guerra Russo-Turca (1768-74), que terminou com a derrota dos otomanos. Acreditando que a queda do Império Otomano era iminente, as grandes potências da Europa iniciaram uma disputa para assegurar seus interesses na região.

A Rússia, ansiosa por conseguir acesso ao Mediterrâneo e controlar o mar Negro, foi quem mais se beneficiou do declínio do Império Otomano. Em uma tentativa de conter a expansão russa, tanto a Áustria quanto a Grã-Bretanha buscaram manter a unidade do império. A Questão Oriental surgiu mais uma vez em 1832, quando os gregos finalmente

CAPÍTULO CINCO: REVOLUÇÕES E IMPERIALISMO EUROPEU

conseguiram sua independência dos turcos. Esse fato assinalou um enfraquecimento ainda maior dos otomanos, cujo império só continuou a existir porque potências rivais na Europa o apoiaram.

Essa longa rivalidade desencadeou a Guerra da Crimeia (1853-56), em que a Rússia lutou contra as forças combinadas da Turquia, Grã-Bretanha, França e Piemonte. O estopim foi o ataque de forças russas a uma frota turca. A maior parte do conflito se desenrolou na península da Crimeia, e resultou em uma enorme perda de vidas. Cerca de 400 mil soldados, um terço dos envolvidos, morreram na guerra; um número desproporcional sucumbiu a doenças. As tropas aliadas estavam despreparadas e mal equipadas, embora as condições dos hospitais de campanha tenham melhorado após a intervenção de Florence Nightingale e Mary Seacole, que utilizaram padrões de higiene pioneiros nos hospitais. Os aliados acabaram vencendo a guerra, e, em 1856, a Rússia assinou um tratado de paz que a obrigava a retirar suas esquadras do mar Negro.

Migrações Populacionais

O crescimento dos impérios europeus provocou também uma larga emigração a partir da Europa, sobretudo durante o século XIX, quando a população europeia mais do que dobrou. Na década de 1830, a emigração europeia para outros continentes ultrapassou, pela primeira vez, a casa de 100 mil indivíduos por ano. Entre 1840 e 1930, estima-se que cerca de 50 milhões de pessoas tenham deixado a Europa.

A maioria dos emigrantes europeus foi para a América do Norte (muitos britânicos, alemães e irlandeses). Entre 1800 e 1917, cerca de 36 milhões de europeus partiram para os EUA; 6 milhões foram para a América do Sul, principalmente para a Argentina e o Brasil, em sua maioria espanhóis, italianos, portugueses e alemães; e 5 milhões, sobretudo britânicos e franceses, dirigiram-se para o Canadá.

Muitos emigrantes iam em busca de uma vida melhor, terras baratas e abundantes, e emprego. Alguns, no entanto, partiam contra a vontade: prisioneiros britânicos eram enviados para a Austrália (pág. 142); prisioneiros franceses, para a Nova Caledônia e para a Guiana Francesa; e judeus-russos partiam para escapar a perseguições, geralmente com destino à Ásia ou aos Bálcãs.

Entre 1845 e 1851, cerca de 1 milhão de pessoas perderam a vida durante a fome na Irlanda, e outro milhão deixou o país. A maioria dos imigrantes irlandeses foi para a América do Norte: por volta de 1850, os irlandeses formavam um quarto da população de muitas cidades norte-americanas, enquanto milhares de outros emigraram também para o Canadá e a Austrália, assim como para a Inglaterra e a Escócia. Enquanto a população europeia crescia, a população da Irlanda despencava de 5,5 milhões, em 1871, para 4,4 milhões, em 1911. A fome na Irlanda, provocada por um fungo que atacou as plantações de batatas, foi a maior crise de subsistência ocorrida na Europa, afetando não só esse país, como outras áreas no Norte da Europa.

A Ascensão do Estado Nacional

O nacionalismo — a ideia de que grupos de pessoas unidas pela raça, idioma ou história deveriam governar seu próprio país — transformou-se em uma poderosa força política na Europa do século XIX. O Congresso de Viena (pág. 129), em sua preocupação para estabelecer um equilíbrio de poder na Europa, ignorou em grande parte os impulsos nacionais.

CAPÍTULO CINCO: REVOLUÇÕES E IMPERIALISMO EUROPEU

O nacionalismo geralmente triunfava quando era apoiado por uma grande potência europeia. Em 1930, a Bélgica conseguiu sua independência da Holanda ajudada pela França e a Grã-Bretanha; a Grécia se libertou do Império Otomano, em 1832; e no final do mesmo século, sérvios, búlgaros, romenos e armênios estabeleceram seus Estados.

O conde de Cavour, estadista italiano, conseguiu expulsar os austríacos da Itália com o auxílio de Napoleão III. Assim, em 1870, após a vitória de Giuseppe Garibaldi na Sicília e no sul do território italiano, a Itália foi unificada.

Na Alemanha, a Guerra Austro-Prussiana, de 1866, resultou no controle da Prússia sobre os Estados alemães e no impulso para a unificação alemã — sem a Áustria. A derrota na guerra foi um golpe significativo para o Império Austríaco, enfraquecido por revoltas nacionalistas. A província austríaca de Venécia foi entregue à França e depois à Itália (aliada da Prússia). Em 1867, o Compromisso Austro-Húngaro criou os Estados autônomos da Hungria e da Áustria, sob o controle do imperador austríaco; esse acordo discriminatório (pois atendia somente aos desejos dos nobres húngaros) começou a sofrer pressão dos integrantes das diversas minorias étnicas do império, como os sérvios, os croatas, os tchecos e os poloneses. O fracasso em atender a essas aspirações nacionalistas foi uma das causas da Primeira Guerra Mundial.

A Guerra Franco-Prussiana (1870-71) terminou com a derrota da França (que perdeu a Alsácia e a Lorena para os alemães). Em uma onda de euforia nacionalista, os Estados alemães firmaram um acordo e, em 1871, proclamaram união sob o novo imperador, o prussiano Guilherme I, tendo o estadista Bismarck, de mesma nacionalidade, como primeiro-

-ministro. O novo império da Alemanha rapidamente se tornou a potência dominante na Europa continental.

AS AMÉRICAS

A Revolução Americana

Ao longo do século XVIII, as relações entre a Grã-Bretanha e suas colônias norte-americanas se deterioraram, em grande parte devido ao ressentimento dos colonos por sua falta de representação no Parlamento Britânico. A tensão aumentou quando os britânicos tentaram instituir novos impostos, o que culminou com uma série de protestos, inclusive a Festa do Chá de Boston, em 1773, quando os colonos jogaram três carregamentos de chá no porto da cidade.

Uma resistência armada deu origem à guerra total, em 1776, depois que o rei Jorge III se recusou a considerar um acordo sobre os impostos e a ouvir as reclamações dos colonos. A opinião pública nas colônias norte-americanas favorecia cada vez mais a independência — alimentada em parte pelos ideais democráticos e liberais do Iluminismo e pela publicação de "Senso Comum", um panfleto incendiário escrito por Thomas Paine, que defendia a libertação do domínio britânico.

Sem esperanças de um desfecho pacífico, os colonos britânicos promulgaram, em 4 de julho de 1776, a Declaração da Independência, que unificava as colônias norte-americanas como "estados livres e independentes (...) isentos de qualquer sujeição à Coroa Britânica". A luta durou cinco anos. Sofrendo com a falta de suprimentos e com o desconhecimento do terreno, as tropas britânicas não conseguiram subjugar os exércitos de George Washington nem abalar a determinação norte-americana, apesar de frequentes pequenas vitórias.

CAPÍTULO CINCO: REVOLUÇÕES E IMPERIALISMO EUROPEU

Uma aliança da França com o Congresso Continental,* em 1778, mudou a natureza da guerra, auxiliada pelo fato de que a Grã-Bretanha teve a atenção desviada por guerras na Europa e nas Índias Ocidentais e Orientais. Foi uma força franco-americana que venceu a grande batalha final, em Yorktown, Virgínia, em 1781. O Tratado de Paris, assinado em 1783, reconheceu por fim a independência dos Estados Unidos da América. Em 1787, representantes das ex-colônias redigiram uma Constituição federal notavelmente avançada, que proporcionou o arcabouço para a democracia representativa nos Estados Unidos.

As Guerras de Independência na América Latina

As revoluções na França e na América do Norte, juntamente com as ideias liberais do Iluminismo, também inspiraram as colônias espanholas nas Américas a lutar por independência. De 1808 a 1825, a independência foi proclamada em toda a América do Sul e em quase toda a América Central, onde a Espanha continuou controlando apenas as ilhas de Cuba e Porto Rico (que permaneceram sob seu domínio até 1898).

Os conflitos foram desencadeados em 1808, quando José Bonaparte, irmão de Napoleão, depôs a monarquia espanhola durante a Guerra Peninsular (também conhecida como Invasões Francesas). A ocupação francesa destruiu a administração espanhola, que se fracionou em juntas provinciais, e uma confusão geral se estabeleceu. Muitas das colônias espanholas se

---

* Corpo de representantes das 13 colônias norte-americanas, que se tornou o governo dos Estados Unidos durante a guerra da independência. (N.T.)

consideraram capazes de nomear suas próprias juntas, o que acabou provocando conflitos entre os patriotas, que propunham a autonomia, e os monarquistas, que ainda acreditavam na autoridade da Espanha.

Dois dos mais importantes líderes na luta pela independência foram os patriotas Simón Bolívar e José de San Martín. Em 1813, Bolívar liderou uma revolta na Venezuela, cuja independência foi estabelecida em 1821. Depois levou a luta ao território hoje pertencente à Colômbia, derrotou os espanhóis e se tornou o primeiro presidente do país chamado então de Grande Colômbia (que compreendia os territórios da Venezuela, Colômbia, Equador, Norte do Peru e noroeste do Brasil). Subsequentemente, juntou-se ao movimento pela independência no Sul, sob a liderança de San Martín que, tendo Bernardo O'Higgins (que era metade irlandês, metade chileno) como lugar-tenente, havia derrotado os exércitos monarquistas, permitindo que o Chile, em 1818, proclamasse sua independência. O'Higgins se tornou ditador do Chile e governou o país durante cinco anos.

Ambos os exércitos se dirigiram então para Lima, no Peru, um bastião monarquista. A independência peruana foi declarada em 1821 e, durante um ano, San Martín atuou como Protetor do país. A independência da Argentina foi declarada em 1816 e a do México, em 1821.

Em 7 de setembro de 1822, a colônia portuguesa do Brasil foi declarada independente por Dom Pedro I. Denomina-se Independência do Brasil o processo que culminou com a emancipação política do território brasileiro do Reino Unido de Portugal, Brasil e Algarves (1815-1822), e a instituição do Império do Brasil (1822-1889).

A Expansão Norte-Americana e o "Destino Manifesto"

Ao longo do século XIX, os Estados Unidos se consolidaram no continente norte-americano, avançando em direção à costa do Pacífico, indo "do mar até o mar resplandecente".* Em 1803, a compra dos territórios franceses da Louisiana praticamente dobrou o tamanho dos Estados Unidos; em 1820, a Flórida, o Missouri e o Maine foram adicionados à União; e em 1848, o Texas, a Califórnia e o Novo México foram anexados, após a guerra contra o México (1846-48).

Enquanto isso, em 1846, o Tratado do Oregon, firmado com a Grã-Bretanha, concedeu aos Estados Unidos a área do noroeste do Pacífico, ao passo que a Corrida do Ouro, na Califórnia, atraiu centenas de milhares de aventureiros para a região. Entre 1860 e 1900, milhões de norte-americanos e imigrantes europeus se fixaram nessas novas terras. E no final da Guerra Hispano-Americana, em 1898, os Estados Unidos já haviam adquirido o Alasca (dos russos), dominado o Havaí e assumido o controle de diversos territórios ultramarinos, como Porto Rico, Guam e Filipinas.

A doutrina do "destino manifesto" desempenhou um papel importante na obtenção de apoio para o expansionismo norte-americano. "Destino manifesto" foi uma expressão criada em 1845 por John O'Sullivan, editor do jornal *New York Morning News*, para incentivar a anexação do Texas. O destino manifesto acabou se transformando em uma ideologia moral: apresentava o expansionismo como missão divina, portanto, sancionava a remoção forçada dos nativos norte-americanos

---

* "from sea to shining sea, no original". Verso de *America the Beauty*, canção patriótica norte-americana composta em 1910. (N.T.)

das terras que habitavam (além do massacre de milhões de bisões).

Ante a possibilidade de não terem onde morar e morrerem de fome, os nativos norte-americanos reagiram e lutaram. Seu maior sucesso foi a Batalha de Little Bighorn, em 1876, quando guerreiros sioux e cheyenne mataram 268 soldados norte-americanos comandados pelo tenente-coronel Custer (incidente que se tornou conhecido como "a última batalha de Custer"). Contudo as forças norte-americanas acabaram derrotando os nativos no massacre de Wounded Knee, em 1890. Os cerca de 500 mil nativos sobreviventes na América do Norte — contra 4,5 milhões que habitavam o território em 1500 — foram confinados em reservas, áreas relativamente pequenas, que lhes foram concedidas pelo governo dos Estados Unidos.

A GUERRA CIVIL NORTE-AMERICANA

Enquanto os Estados Unidos levavam adiante sua política de expansão, tensões se acumulavam entre os estados industrializados do Norte — que em grande parte haviam libertado seus escravos — e os estados agrícolas e escravagistas do Sul. Quando Abraham Lincoln, candidato do antiescravagista Partido Republicano, foi eleito presidente em 1860, os estados sulistas, temendo que Lincoln tentasse abolir a escravatura, separaram-se da União e formaram uma confederação. O principal objetivo do Sul era ser reconhecido como nação independente, enquanto a principal motivação de Lincoln no início da guerra era preservar a União.

A luta começou em 1861, no Fort Sumter, Carolina do Sul, quando tropas confederadas abriram fogo sobre forças da

CAPÍTULO CINCO: REVOLUÇÕES E IMPERIALISMO EUROPEU

União. Ambos os lados, rapidamente, começaram a formar exércitos. Em 21 de julho, cerca de 30 mil soldados da União foram expulsos de Manassas, na Virgínia, por tropas confederadas lideradas pelos generais "Stonewall"* Jackson e Beauregard. A derrota chocou a União, que convocou mais 500 mil soldados. Em 1º de janeiro de 1863, Lincoln promulgou a Proclamação de Emancipação (que prometia a abolição da escravatura em todos os estados confederados que não retornassem à União até o final do ano). Tal medida deu um novo objetivo moral à guerra e tornou a conciliação com o Sul insustentável.

Em 1863, a União obteve o controle do rio Mississippi, na Batalha de Vicksburg. Ao mesmo tempo, suas forças repeliram os confederados na Batalha de Gettysburg, detendo o avanço das forças sulistas em direção ao Norte. Lincoln fez seu famoso Discurso de Gettysburg, no próprio local, em novembro de 1863. No ano seguinte, o general William Sherman capturou Atlanta e Savannah, na Geórgia, e o Sul foi se desgastando. O supremo comandante das forças da União, o general Ulysses S. Grant, iniciou o avanço final em abril de 1865 e, no dia 9 do mesmo mês, recebeu no vilarejo de Appomattox, Virgínia, o pedido de rendição do líder confederado Robert E. Lee. A vitória do Norte resultou na abolição da escravatura nos Estados Unidos, no fim da confederação sulista e no fortalecimento do governo federal.

A guerra civil foi uma das guerras mais brutais na história norte-americana, com mais de 600 mil mortos, mais que em qualquer outra guerra travada pelo país, antes ou depois.

---

* "Paredão." (N.T.)

OCEANIA

O CAPITÃO JAMES COOK E OS ASSENTAMENTOS EUROPEUS NA AUSTRÁLIA

Entre 1768 e 1779, o navegador e capitão britânico James Cook liderou três expedições ao Pacífico, durante as quais alcançou o Taiti e todos os grandes arquipélagos do Pacífico Sul, circundou a Nova Zelândia e desembarcou na costa leste da Austrália (que reivindicou em nome da Coroa Britânica e batizou de Nova Gales do Sul). Por fim, explorou o Havaí, onde foi morto em 1779. Seus detalhados relatos contribuíram muito para os conhecimentos europeus da Oceania e deram início a uma extensa colonização do continente por imigrantes europeus.

Em 1788, 18 anos após o primeiro desembarque do capitão Cook, uma frota de navios britânicos, transportando 759 presos, chegou a Botany Bay, uma baía na Nova Gales do Sul. Seu comandante, o almirante Arthur Phillip, fundou um estabelecimento penal em Sydney Cove — uma pequena enseada na mesma área —, que acabou se transformando na cidade de Sydney. Durante os 80 anos seguintes, cerca de 160 mil presos foram enviados para os presídios implantados em Nova Gales do Sul, na Terra de Van Dieman (antigo nome da ilha da Tasmânia — presídio criado em 1803) e na Austrália Ocidental (1829). Presidiários constituíam a maior parte da população das colônias nas primeiras décadas, embora colonos voluntários tenham começado a chegar em 1820. Colônias separadas foram desdobradas a partir da Nova Gales do Sul: Austrália do Sul, em 1836; Vitória, em 1851, e Queensland, em 1859. A população aborígene do continente, estimada entre 750 mil e 1 milhão de nativos antes da colonização, declinou abruptamente após a chegada dos europeus, principalmente em decorrência de moléstias infecciosas,

CAPÍTULO CINCO: REVOLUÇÕES E IMPERIALISMO EUROPEU 143

como a varíola. No Leste da Austrália, assentamentos ilegais resultaram em violentos conflitos com os aborígenes.

As corridas do ouro das décadas de 1850 e 1860 geraram um grande afluxo de imigrantes e aumentaram as despesas do governo em infraestrutura. O transporte de prisioneiros para a Austrália terminou em 1868, quando a população atingira cerca de 1 milhão de habitantes e as colônias já eram capazes de se sustentar sem necessidade do trabalho dos presos. No final do século XIX, as seis colônias da Austrália começaram a acalentar a ideia de formar um país.

A Colonização Europeia da Nova Zelândia e das Ilhas do Pacífico

Depois que o capitão Cook mapeou a costa da Nova Zelândia, em 1769 (ver pág. anterior), navios estrangeiros começaram a aportar em seu litoral. No início, construíam estações para a caça de focas e baleias; mais tarde estabeleceram fazendas, abriram minas e fundaram povoações permanentes. Uma grande variedade de mercadorias era comerciada com os maoris, os nativos das ilhas, em troca de mosquetes — os quais tiveram um efeito devastador nas guerras intertribais (1801-40), em que pereceram entre 30 e 40 mil maoris (de uma população de 150 mil). Novas doenças infecciosas trazidas pelos colonos aceleraram o declínio da população maori.

Em 1840, a Grã-Bretanha anexou formalmente a Nova Zelândia, e o afluxo de imigrantes começou a aumentar. Nas décadas de 1860 e 1870, conflitos envolvendo a posse de terras provocaram as Guerras da Nova Zelândia, que resultaram no confisco de mais terras maoris. Três corridas do ouro, na década de 1860, geraram grande aumento na população branca, que chegou a 248 mil indivíduos, enquanto a população maori diminuiu para cerca de 40 mil habitantes. Em 1852, a Nova Zelândia foi agraciada com o direito de ter seu próprio parlamento e um governo parcialmente autônomo (*home rule*), e em 1907 passou a ter um governo totalmente autônomo, embora com a política externa ainda submetida à Grã-Bretanha e fazendo parte da Commonwealth.*

Outras ilhas do Pacífico também foram submetidas a intensa colonização, entre elas o Taiti, anexado pela França em 1880; Tonga, cuja dinastia reinante, a Tu'i Kanokupolu, formou um reino ocidentalizado em 1845 e se tornou protetorado britânico em 1900, embora conservando sua monarquia; Samoa, que manteve seus chefes Malietoa até ser dividida, em 1899, entre a Alemanha e os Estados Unidos; o Havaí, cuja monarquia reinante foi destronada pelos norte-americanos e europeus residentes no território em 1893, antes de ser anexado aos Estados Unidos em 1898; e Fiji, que se tornou colônia britânica em 1874.

---

* Palavra inglesa para a qual não existe equivalente exato. Pode ser traduzida como "Estados Livres Associados" ou "País(es) Livre(s) Associado(s)", no caso de nações como a África do Sul, o Canadá e, posteriormente, a própria Austrália. Como a forma Commonwealth é de largo uso e livre trânsito na maioria das línguas europeias, inclusive o português, foi mantida em sua forma original. (N.T.)

Uma Nova Ordem Mundial

1900 — 1945

ORIENTE MÉDIO E ÁFRICA

Resistência ao Domínio Colonial Europeu
Enquanto os europeus se apressavam em reivindicar o continente africano, os africanos subjugados se revoltavam contra seus opressores. A resistência, entretanto, carecia de coesão, e a tecnologia militar superior dos europeus esmagava a maior parte dos movimentos de oposição.

No Nordeste da África, em territórios que hoje fazem parte do Egito, Sudão e Somália, ocorreram algumas das rebeliões mais acirradas, principalmente quando a luta era em defesa do islamismo. Quando a Grande Somália foi dividida entre a Grã--Bretanha, Itália e Etiópia, durante a "Disputa pela África", os muçulmanos do Chifre da África formaram um exército (conhecido como "os dervixes") e criaram um Estado governado pelo líder religioso somali Mohammed Abdullah Hassan. Os dervixes conseguiram manter os britânicos a distância durante 25 anos, até que, em 1920, bombardeios aéreos os derrotaram.

Na África do Sudoeste (hoje Namíbia), de colonização alemã, os hereros, destituídos de sua terra e de seus rebanhos, organizaram um levante entre 1904 e 1907. Os alemães fuzilavam os rebeldes ou os enviavam para campos de trabalho forçado. O resultado foi que mais de 75% dos hereros pereceram (de 80 mil, antes de 1904, ficaram reduzidos a 15 mil, em 1911).

A ocupação da África Oriental Alemã (hoje Tanzânia) também provocou uma violenta resistência africana, em particular à política alemã de plantar algodão para ser exportado. O levante ficou conhecido como Rebelião Maji Maji, nome derivado da palavra suaíli para "água" (pois um médium havia convencido os rebeldes de que sua água mágica os protegeria dos tiros inimigos). O governo alemão esmagou a revolta e destruiu sistematicamente as aldeias, plantações e depósitos de alimentos dos nativos. A fome resultante acarretou cerca de 200 mil mortes.

A UNIÃO SUL-AFRICANA E O IMPÉRIO ETÍOPE

Em 1910, as antigas colônias holandesas do Transvaal e o Estado Livre de Orange se uniram à colônia do Cabo e à de Natal para formar a União Sul-Africana, um governo autônomo ligado à Coroa Britânica.

Novas leis sistematizaram a legislação desfavorável aos negros em grande parte da vida social e econômica da África do Sul, concedendo à minoria branca 90% das terras do país. A maioria negra ficou com apenas 10%, a título de "reservas nativas". Nas antigas colônias do Transvaal e de Orange, o direito de votar era vedado à população não branca (classificação que incluía, além dos negros, mestiços e asiáticos); no Cabo e em Natal, a esmagadora maioria da população negra não tinha nenhum direito civil.

Em resposta à discriminação sistemática, os negros de classe média fundaram, em 1912, o Congresso Nacional

CAPÍTULO SEIS: UMA NOVA ORDEM MUNDIAL

dos Nativos Sul-Africanos, para advogar em defesa dos direitos políticos da população negra. A instituição foi renomeada como Congresso Nacional Africano em 1923, tornando-se um ativo movimento de massas a partir da década de 1940.

Após repelir uma invasão italiana em 1896, a Etiópia assegurou a distinção de ser a única nação africana a ter resistido à colonização. Em 1917, o príncipe Ras Tafari assumiu o poder, tornando-se imperador em 1930 com o nome de Haile Selassie (que significa "poder da Santíssima Trindade"). Selassie trabalhou para modernizar o país e, entre 1936 e 1941, viveu exilado na Grã-Bretanha devido à ocupação da Etiópia pelos italianos. Depois que as forças britânicas libertaram o país, ele retornou e, em 1942, aboliu a escravidão (na década de 1930, havia cerca de 2 milhões de escravos na Etiópia, em uma população de 26 milhões). O movimento rastafári, iniciado na Jamaica nos anos 1930, reverenciava Haile Selassie como um messias, que traria a liberdade aos povos da África. Muitos de seus seguidores ainda são encontrados pelo mundo, na Jamaica principalmente.

A DISSOLUÇÃO DO IMPÉRIO OTOMANO

O Império Otomano vinha sendo chamado há muito tempo de "o doente da Europa", tendo perdido no século XIX muitos de seus territórios europeus (Grécia, Sérvia, Montenegro e Romênia) e de suas províncias árabes (Argélia e Tunísia, para os franceses, e Egito, para os britânicos).

Em 1908, o Império Austro-Húngaro anexou os antigos territórios otomanos da Bósnia e Herzegovina. No mesmo ano, a Bulgária declarou sua independência. Durante a Guerra Ítalo-Turca (1911-12), em que os otomanos perderam o que é hoje a moderna Líbia, a Liga Balcânica (formada por Montenegro, Bulgária, Grécia e Sérvia) atacou a Turquia. As subsequentes Guerras Balcânicas (1912-13) terminaram com a derrota dos otomanos e a perda quase total dos seus territórios balcânicos.

A derrota na Primeira Guerra Mundial terminou com a completa dissolução do Império Otomano, que se viu forçado a devolver os territórios não turcos que ainda possuía, conforme o Tratado de Sèvres, assinado em 1920. Após um breve período de liberdade, a Síria se tornou um protetorado* da França. A Palestina, a Jordânia e o Iraque se tornaram protetorados britânicos.

Em 1923, após a saída do sultão Mehmet VI, foi proclamada a República da Turquia, tendo como primeiro presidente o general de exército Mustafa Kemal. Assumindo a alcunha de "Atatürk" (que significa "Pai dos Turcos"), Kemal instituiu no país diversas reformas políticas e sociais — como a abolição do califado, a promulgação de novas leis civis e criminais, a adoção do alfabeto latino e a concessão às mulheres do direito ao voto —, todas destinadas a transformar a Turquia em um Estado moderno e secular.

A PALESTINA E O MOVIMENTO SIONISTA

Antigo território do Império Otomano, a Palestina (título oficial concedido às terras a leste do rio Jordão, incluídas as

---

* Protetorado: território ou país que, no direito internacional, possui alguns atributos de Estado independente, porém, sob outros aspectos, está subordinado a uma potência que decide sua política externa e tem a obrigação de o proteger e, às vezes, controla internamente seu Judiciário e suas instituições financeiras — fonte: *Dicionário Houaiss*. (N.T.)

CAPÍTULO SEIS: UMA NOVA ORDEM MUNDIAL

cidades sagradas de Jerusalém e Nazaré) foi entregue aos britânicos, como protetorado, após a Primeira Guerra Mundial.

No texto da concessão do protetorado estava a Declaração de Balfour (1917), na qual o governo britânico declarava formalmente seu apoio ao movimento sionista (ver a seguir), que defendia o estabelecimento de uma pátria na Palestina para o povo judeu.

Com a rejeição dos palestinos árabes ao protetorado, árabes e judeus começaram a se digladiar; seguiram-se períodos de agitação e distúrbios. Em resposta aos ataques árabes, os judeus criaram sua própria organização militar, a Haganah, com o propósito de garantir e defender seus assentamentos.

Tais assentamentos tinham crescido lentamente até a década de 1930, quando a perseguição nazista aos judeus-alemães acelerou a imigração. Alarmada, a população árabe, entre 1936 e 1939, promoveu ataques aos colonos judeus.

O movimento sionista (cujo nome se deve ao monte Sião, o local da fortaleza de Jerusalém), que se tornara mais poderoso desde a Conferência Mundial Sionista de 1897, acabou se dividindo, quando um grupo extremista de direita começou a lutar contra a presença britânica na Palestina.

Durante a revolta árabe, o governo britânico concluiu que os dois lados não poderiam ser reconciliados e sugeriu a divisão da Palestina entre um Estado judeu e um Estado árabe. A proposta foi rejeitada. A Segunda Guerra Mundial teve início logo depois, o que resultou em uma ampla imigração judaica e novos atos de terrorismo na Palestina. Em 1948, a instituição do Estado de Israel por parte das Nações Unidas assinalou o sucesso do movimento sionista.

EXTREMO ORIENTE

A REBELIÃO DOS BOXERS E A REVOLUÇÃO CHINESA DE 1911
A dinastia Qing (manchu), da China, jamais se recuperou
totalmente da Rebelião Taiping (1853-64, págs. 119-20), e ao
longo dos anos seguintes enfrentou crescente intervenção das
potências europeias, ansiosas por estender suas atividades comerciais no país.

Essa intrusão estrangeira, somada às atividades cada vez
maiores dos missionários cristãos, despertou profundos res-
sentimentos e ensejou um movimento popular liderado por
integrantes de uma organização secreta, a Sociedade dos
Punhos Justiceiros e Harmoniosos. Esse movimento ficou conhecido como a Rebelião dos Boxers (1898-1901).* Iniciado
no Norte da China, onde a importação de mercadorias estrangeiras provocara uma crise de desemprego, os boxers começaram a atacar embaixadas e até matar missionários estrangeiros,
cristãos e chineses; destruíam também ferrovias e linhas de
telégrafo.

Depois que os estrangeiros tiveram de se refugiar no Bairro
das Missões Diplomáticas, em Beijing, e depois que o embai-
xador alemão foi morto, as potências europeias enviaram à
China, em agosto de 1900, uma força aliada de 20 mil homens. Em setembro de 1901, Cixi, a Imperatriz Viúva, viu-se
forçada a aceitar os duros termos do Protocolo de Paz, que

---

* O nome "Rebelião dos Boxers" se consagrou nos compêndios de história do Brasil e de Portugal. Quando muito, há uma substituição de "rebelião" por "levante", "guerra" ou "revolta". Mais correto, no entanto,
talvez fosse traduzir a palavra *boxer* — "boxeador", em inglês —, o que
explicaria a origem do nome: muitos dos integrantes do movimento
eram praticantes de artes marciais chinesas. (N.T.)

CAPÍTULO SEIS: UMA NOVA ORDEM MUNDIAL 151

concedia aos estrangeiros controle ainda maior da renda do país. A Rússia aproveitou a oportunidade para se apoderar da Manchúria (o que provocou a Guerra Russo-Japonesa de 1904-5), e os britânicos invadiram o Tibete. A própria China não sofreu nenhuma partilha pelas potências europeias, em parte porque o fanatismo dos boxers demonstrara que qualquer tentativa nesse sentido suscitaria enorme resistência popular.

Irrecuperavelmente enfraquecida, a dinastia Qing acabou sendo varrida pela Revolução Chinesa de 1911. Os revolucionários, liderados por Sun Yat-Sen, haviam formado uma aliança antimanchu em 1905, quando também começaram a divulgar sua propaganda revolucionária. Após o levante de Wuchang, em outubro de 1911, representantes das províncias chinesas proclamaram a república, tendo Sun Yat-Sen como presidente provisório do Kuomintang (Partido Nacionalista). Em fevereiro de 1912, Puyi, o último imperador Qing, de apenas 6 anos de idade, foi forçado a abdicar, terminando assim 2 mil anos de governo imperial na China.

A Ascensão do Japão

Por volta de 1900, o Japão se transformara em uma potência industrial, com um exército moderno e uma marinha que, em 1920, já era a terceira maior do mundo. Esse poder recém-adquirido facultou ao país obter vitórias contra a China (Primeira Guerra Sino-Japonesa, 1894-95) e a Rússia (Guerra Russo-Japonesa, 1904-5), bem como a ocupação de Taiwan (1895) e da Coreia (1910).

A partir de então o Japão começou a seguir uma política expansionista e militarista, destinada principalmente a dominar a China e o Extremo Oriente, garantindo o acesso a matérias-primas e mercados — vitais para seu desenvolvimento econômico, já que era um país pobre em recursos naturais. A Primeira Guerra Mundial, em que lutou ao lado dos Aliados (permitiu ao Japão ampliar seus territórios, ocupando possessões alemãs nas ilhas do Norte do Pacífico). O Japão passou também a exercer enorme influência na Manchúria e no Nordeste da China, controlando os depósitos de carvão e minério de ferro existentes nessas áreas. Em 1931, tropas japonesas tomaram Mukden (hoje a cidade chinesa de Shenyang), capital da Manchúria, e dominaram a província, onde em 1932 estabeleceram o Estado títere de Manchukuo (instalando o imperador Puyi como soberano-fantoche).

Em 1937, o Japão invadiu outras partes da China, dando origem à Guerra Sino-Japonesa (1937-45). No final de 1938, os japoneses invadiram o Norte da China, capturando as cidades de Xangai, Nanquim, Cantão e Hankou. No incidente conhecido como "Estupro de Nanquim", cerca de 100 mil civis foram massacrados por tropas japonesas. Em 1939, a guerra chegara a um impasse, com as forças japonesas incapazes de derrotar as tropas comunistas na região de Shaanxi. Em 1940, o Japão invadiu a Indochina Francesa e, em 1941, atacou a base naval norte-americana de Pearl Harbor, ingressando assim na Segunda Guerra Mundial. Após o lançamento de bombas atômicas sobre Hiroshima e Nagasaki, e a rendição incondicional do Japão em 1945 (págs. 171-73), as forças japonesas se retiraram da China, e seu império foi em grande parte desfeito pelos Aliados, que concederam independência às antigas colônias japonesas.

CAPÍTULO SEIS: UMA NOVA ORDEM MUNDIAL

A Guerra Civil Chinesa

Após a Revolução Chinesa de 1911, o Kuomintang (Partido Nacionalista) mostrou ser ineficiente como poder central, já que líderes regionais reassumiram o controle sobre seus respectivos territórios. No final da década de 1920, o Kuomintang conseguiu reunificar o país mediante uma campanha militar conhecida como "Expedição do Norte" e transferiu a capital do país de Beijing para Nanquim.

Paralelamente, o Partido Comunista Chinês, fundado em 1921 na cidade de Xangai e expurgado pelo Kuomintang em 1927, concentrou sua atuação no campo, aliou-se a rebeldes camponeses e obteve o controle de diversas áreas no Sul da China. Em 1931, os líderes revolucionários marxistas Mao Zedong e Zhu De criaram uma república comunista chinesa na província de Jiangxi (a "Jiangxi Soviética"), que se ampliou até cobrir uma área com 9 milhões de habitantes. Os comunistas resistiram às diversas tentativas de removê-los, feitas pelo Kuomintang, até que em 1934 foram forçados a sair da província. Sob a liderança de Mao, um exército de 80 mil homens abriu caminho de Jiangxi até a província de Shaanxi, sempre lutando, em uma jornada que recebeu o nome de Longa Marcha, com o qual se tornou célebre. Cerca de 20 mil pessoas sobreviveram à viagem, inclusive Mao, que estabeleceu o quartel-general comunista em Ya'an e continuou a resistir ao Kuomintang.

Em 1937, comunistas e nacionalistas concordaram em se unir para lutar contra os japoneses na Segunda Guerra Sino-Japonesa. Os comunistas mostraram ser eficientes na defesa contra os japoneses, e começaram a estender sua influência. Desse modo, ao final da guerra, 96 milhões de pessoas na China se encontravam sob o controle comunista.

A retomada da guerra civil entre o Kuomintang e o Partido Comunista Chinês, em 1946, terminou com uma esmagadora vitória dos comunistas. Em 1949, foi proclamada a República Popular da China, tendo Mao como seu primeiro chefe de Estado.

A INDEPENDÊNCIA DA ÍNDIA

Com a fundação do Congresso Nacional Indiano, em 1885, o governo britânico da Índia começou a sofrer uma pressão cada vez maior por parte dos nacionalistas, que buscavam a independência. O CNI fora concebido inicialmente para aumentar a participação indiana no governo, mas a partir de 1920, sob a orientação do líder espiritual hindu Mohandas Gandhi, conhecido como Mahatma ("Grande Alma"), passou a reivindicar a autonomia da Índia por métodos não violentos. Em 1916, o Congresso uniu forças com a Liga Muçulmana, com o propósito de promover a aliança entre hindus e muçulmanos.

Durante a Primeira Guerra Mundial, tropas indianas serviram lealmente aos britânicos, mas a agitação nacionalista na Índia cresceu, levando o *raj** britânico a promulgar leis antiterroristas. Em resposta, Gandhi conclamou seus seguidores a parar de trabalhar e uma grande greve foi programada para a cidade de Amritsar, no Punjab, em abril de 1919. As forças do governo prenderam os líderes da greve e dispararam sobre a enorme multidão que se reunira no local, matando 372 pessoas e ferindo mais de 1.200. Isso provocou

---

* Significa "reino" em hindustâni. O termo costuma ser usado em inglês e outras línguas europeias, inclusive o português, para designar o governo britânico na Índia. (N.T.)

CAPÍTULO SEIS: UMA NOVA ORDEM MUNDIAL   155

violentos distúrbios em todo o Punjab e uma crescente agitação na Índia.

A partir de então, o CNI ganhou apoio maciço. Milhões de pessoas aderiram às campanhas de desobediência civil promovidas por Gandhi e começaram a boicotar os produtos fabricados na Inglaterra, assim como as instituições inglesas. O governo reagiu prendendo Gandhi e mais 60 mil pessoas em 1930, e em 1931 já havia controlado a maior parte do país, embora a desobediência civil prosseguisse. Em 1937, o Congresso obteve considerável sucesso nas eleições provinciais, rejeitando a proposta britânica de transformar a Índia em protetorado e continuando a clamar pela sua independência.

Em 1947, em meio a conflitos entre hindus e muçulmanos, o Congresso Nacional Indiano e a Liga Muçulmana concordaram em dividir o território em dois protetorados: Índia (de maioria hindu) e Paquistão (de maioria muçulmana). Gandhi, entretanto, opunha-se à divisão e se manteve afastado das comemorações em Délhi. Ao retornar à cidade, foi assassinado por um fanático hindu.

EUROPA

A Tríplice Entente e a Corrida Armamentista

Por volta do ano 1900, as tensões exacerbadas entre as grandes potências da Europa deram origem a diversas e intrincadas alianças. Tais alianças tinham o objetivo de criar estabilidade no continente, mas a complexa teia de tratados e garantias acabou arrastando as potências europeias para uma guerra multinacional.

Em 1882, após a Guerra Franco-Prussiana, Otto von Bismarck, primeiro-ministro do recém-criado Império Alemão, tentou isolar a França, formando uma tríplice aliança com a Itália e a Áustria. Tendo aumentado seu poderio militar e industrial, a Alemanha deu início, em 1898, a um ambicioso programa de construção naval, destinado a desafiar a supremacia marítima da Grã-Bretanha.

Em 1904, a França e a Grã-Bretanha, que haviam se tornado cada vez mais isoladas na segunda metade do século XIX formalizaram um "acordo amigável", que ficou conhecido como Entente Cordiale. Na prática, o acordo assegurava que cada país não iria interferir com os interesses coloniais do outro. Em 1894, a França também formou uma aliança com a Rússia, de modo a criar uma forte contraposição à Tríplice Aliança da Alemanha. Em 1907, por sua vez, a Grã-Bretanha assinou a Entente Anglo-Russa. Juntas, as três potências se tornaram a Tríplice Entente.

Seguiu-se uma encarniçada corrida armamentista entre a Grã-Bretanha e a Alemanha, desencadeada em parte pelo lançamento de uma nova classe de navios de guerra britânicos, cujo protótipo era o HMS *Dreadnought*, que foi ao mar em 1906. A corrida armamentista se estendeu pelo restante da Europa, com todas as potências se modernizando e elevando gastos com as forças armadas, preparando-se para a guerra.

A Eclosão da Primeira Guerra Mundial e a Frente Ocidental

O estopim para a guerra foi aceso no dia 28 de junho de 1914, em Sarajevo, então capital da Sérvia, quando um jovem sérvio da Bósnia assassinou o arquiduque Francisco Ferdinando, herdeiro do trono austríaco. Em 28 de julho, sentindo-se ameaçado

CAPÍTULO SEIS: UMA NOVA ORDEM MUNDIAL

pelos ganhos territoriais da Sérvia obtidos durante as Guerras Balcânicas, o Império Austro-Húngaro declarou guerra à Sérvia. Uma semana depois, devido às diversas e complexas alianças, todas as grandes potências europeias foram arrastadas para o conflito. Em apoio à Sérvia, a Rússia mobilizou suas forças ao longo das fronteiras austríacas e alemãs. A Alemanha declarou guerra às aliadas Rússia e França. Depois, implementando um plano para um ataque preventivo à França, invadiu a Bélgica em 3 de agosto. A Grã-Bretanha, honrando sua promessa de proteger a neutralidade da Bélgica, declarou guerra à Alemanha no dia seguinte.

O conflito logo arrastou outras nações e rivalidades. O Japão se juntou aos Aliados (França, Grã-Bretanha e Rússia), como fizeram mais tarde Itália, Portugal, Romênia, Estados Unidos e Grécia enquanto o Império Otomano e a Bulgária se aliaram às potências centrais (Alemanha e Áustria-Hungria).

Tendo repelido as forças britânicas na Bélgica, os alemães irromperam no noroeste da França, com a intenção de derrotar os franceses em seis semanas. Tal avanço, no entanto, foi rechaçado na Batalha do Marne. E a investida alemã sobre os portos no Canal da Mancha foi detida na Primeira Batalha de Ypres.

Ambos os lados se concentraram então na guerra de trincheiras, cavando quilômetros de trincheiras defensivas, desde a fronteira da Suíça até a costa da Bélgica.

Algumas batalhas decisivas foram travadas em Ypres entre 1914 e 1917, sendo que a terceira delas (a Batalha de Passchendaele, de julho a novembro de 1917) resultou em meio milhão de baixas. Em 1916, perto da cidade de Verdun, os alemães tentaram aniquilar o exército francês, mas os franceses os repeliram. Ao mesmo tempo, ao norte do rio Somme, ocorria uma das batalhas mais sangrentas já registradas, com mais de

1 milhão de baixas. Somente no primeiro dia as baixas britânicas chegaram a 57.470, com mais de 19 mil mortos.

Três anos de guerra encarniçada, marcada por níveis de baixas sem precedentes (causada por uma série de armas modernas, principalmente de artilharia, mas também por morteiros, metralhadoras e granadas de mão), resultaram apenas em um impasse, em que as frentes de batalha não se moviam mais que 16 quilômetros para um lado ou para outro.

A Frente Oriental e Outros Palcos da Guerra

A incapacidade em romper o impasse nos campos de batalha na frente ocidental levou a guerra para novas frentes. Na Europa Oriental, em 1914, os russos, que haviam invadido o Leste da Prússia, foram derrotados na Batalha de Tannenberg. Tiveram mais sorte ao conquistar a província austríaca da Galícia, mas o sucesso teve curta duração: foram expulsos alguns meses depois por tropas austro-húngaras e alemãs, perdendo também a Polônia para os alemães em agosto de 1915. Em 1918, a Rússia pós-revolucionária se retirou do conflito, seguindo os termos do Tratado de Brest-Litovsk que subscreveu com a Alemanha. Isso liberou um grande número de tropas alemãs e austro-húngaras, assim como armas e equipamentos, que foram então deslocados para o oeste.

Entre abril de 1915 e janeiro de 1916, as tropas aliadas (compostas por britânicos, franceses, australianos e neozelandeses) tentaram excluir da guerra os turcos otomanos com a campanha de Galípoli, na Turquia, mas foram forçados a se retirar. Tiveram mais sucesso no Oriente Médio. Após a Batalha de Gaza, em 1917, conseguiram romper as frentes otomanas e ocupar Jerusalém, ajudados por uma revolta árabe (em que T.E. Lawrence, o "Lawrence da Arábia", e outros oficiais

CAPÍTULO SEIS: UMA NOVA ORDEM MUNDIAL

britânicos estiveram envolvidos). Em 1918, as tropas Aliadas derrotaram os turcos em Megido, na Síria, e ocuparam Damasco. Uma segunda campanha, na Mesopotâmia, resultou na conquista do que é hoje o Iraque e na captura de Bagdá, em março de 1917, embora um grande exército anglo-indiano tivesse sido derrotado e capturado nos arredores da cidade iraniana de Kut al-Amara.

Na África, os integrantes da Commonwealth britânica e a França atacaram as colônias alemãs, tomando Togolândia em 1914 e Camarões em 1916. Em 1915, a África do Sul ocupou o sudoeste da África. Uma campanha alemã de guerrilhas, no entanto, impediu o mesmo resultado no Leste. No Pacífico, as colônias alemãs foram ocupadas por tropas japonesas, australianas e neozelandesas. No Nordeste da Itália, depois que o país se juntou aos Aliados, em 1915, uma longa e desastrosa campanha italiana terminou com uma vitória sobre a Áustria--Hungria em 1918, mas não sem que antes o exército italiano recebesse reforços britânicos e franceses (e alguns norte-americanos) da frente ocidental, após a fragorosa derrota italiana em Caporetto, no final de 1917.

No mar, apesar de uma frenética corrida armamentista naval antes da guerra (pág. 156), a única grande batalha entre as esquadras britânicas e alemãs, travada em 1916 na Jutlândia (Dinamarca), foi inconclusiva. A Frota de Alto-Mar alemã, no entanto, não entrou em combate depois disso. A guerra de submarinos promovida pelos alemães, iniciada em fevereiro de 1915, obteve mais sucesso na ruptura das linhas de suprimento da Grã-Bretanha, embora o afundamento do navio de passageiros *Lusitania* no mesmo ano tenha contribuído para a crucial decisão dos Estados Unidos de entrar na guerra ao lado dos Aliados, o que ocorreu em 1917.

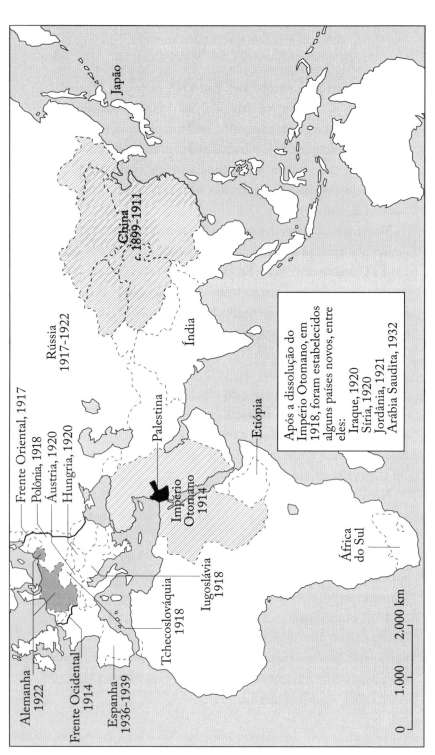

6 Causas e Efeitos da Primeira Guerra Mundial, 1899-1922

O Fim da Grande Guerra

Uma grande ofensiva alemã, com o propósito de obter a vitória antes que as tropas norte-americanas começassem a chegar em massa à Europa, somada ao estrito bloqueio naval da Alemanha promovido pelos britânicos (que afetou seriamente os estoques de matérias-primas e alimentos da Alemanha), encerrou abruptamente as hostilidades. Os alemães lançaram sua ofensiva em março de 1918, usando tropas transferidas da frente oriental, após as lutas terem sido encerradas na Rússia, em fevereiro de 1918. As tropas alemãs na frente ocidental totalizavam 3,5 milhões de homens. Com o auxílio das recém-chegadas forças norte-americanas, os Aliados mantiveram suas posições e contra-atacaram, rompendo em setembro de 1918 a "Linha Hindenburg", até então considerada intransponível. O depauperado exército alemão acabou forçado a se retirar. O armistício, pondo fim às hostilidades no front ocidental, foi assinado em novembro. A essa altura, a Bulgária, a Áustria-Hungria e a Turquia já haviam concluído armistícios com os Aliados.

A Primeira Guerra Mundial mostrou ser um dos mais mortíferos conflitos da história, com 30 milhões de baixas, entre civis e militares (e aproximadamente 8 milhões de mortos). De 1919 a 1923, representantes dos Estados Unidos, Grã-Bretanha e França negociaram os tratados de paz. O Tratado de Versalhes, de 1919, responsabilizou os alemães pela guerra, forçando o país a pagar indenizações aos Aliados e limitando estritamente suas forças armadas. As colônias alemãs foram doadas a outros países, assim como territórios europeus anexados pela Alemanha, como a Alsácia-Lorena, devolvida à França, e a Prússia Ocidental, incorporada à recém-restaurada Polônia. Sob os auspícios das grandes potências, foi também criada a Liga das Nações, uma organização intergovernamental para a manutenção da paz.

Tratados também foram feitos com a Áustria-Hungria, a Bulgária e o que restava do Império Otomano. A Áustria-Hungria foi desmantelada para formar uma pequena Áustria, uma Hungria independente, uma Polônia ressuscitada, uma Sérvia ampliada, chamada Iugoslávia, e uma Tchecoslováquia totalmente nova. A Bulgária viu-se obrigada a ceder territórios à Romênia, Grécia e Iugoslávia, e o extinto Império Otomano se tornou a República da Turquia (págs. 147-8), com alguns territórios se transformando em protetorados: a Síria (entregue à França), a Palestina e a Jordânia (entregues à Grã-Bretanha).

A GRIPE ESPANHOLA

Quando um dos conflitos mais mortíferos da história se aproximou do final, um surto de gripe, que ficou conhecido como "a pandemia de gripe de 1918" (ou "gripe espanhola"), acrescentou entre 20 e 40 milhões de mortes a um mundo já devastado pela guerra.

Acredita-se que a primeira onda da pandemia se originou em Camp Funston, um campo de treinamento militar no Kansas, em março de 1918. No mês seguinte, um enorme contingente de tropas norte-americanas começou a chegar à Europa Ocidental trazendo o vírus da gripe. Em agosto de 1918, a doença adquiriu uma mutação mais letal. Uma terceira onda mortífera ocorreu no inverno seguinte, quando o vírus se alastrou rapidamente, matando 20% das pessoas infectadas, muitas vezes apenas dois dias após o aparecimento dos sintomas. Inusitadamente, em se tratando de gripe, a maior parte das

CAPÍTULO SEIS: UMA NOVA ORDEM MUNDIAL

vítimas era de adultos saudáveis, com idades entre 20 e 40 anos, cujo sistema imunológico não impediu que o vírus devastasse o organismo.

A pandemia afetou quase todas as partes do mundo habitado, matando cerca de 3% da população mundial, o que a tornou um dos maiores desastres naturais da história humana. Na Índia, entre 10 e 17 milhões de pessoas pereceram; na Indonésia, cerca de 1,5 milhão (de uma população de 30 milhões). Nos Estados Unidos, em torno de 675 mil pessoas morreram em decorrência do vírus, e na Grã-Bretanha, mais de 200 mil.

Na primavera de 1919, o vírus já quase encerrara seu ciclo; outros surtos ocorreram na década de 1920, mas os índices de mortalidade foram bem menores.

O Sufrágio Feminino

Ao longo de todo o século XIX, as mulheres fizeram campanhas pelo direito de votar. A Nova Zelândia foi o primeiro país do mundo a estender o sufrágio às mulheres, em 1893, no que foi seguida pela Austrália, em 1902. Nos Estados Unidos, em 1869, o estado de Wyoming permitiu que mulheres maiores de 21 anos votassem, mas foi somente em 1920 que as todas as mulheres norte-americanas adquiriram o direito. Na Europa, o primeiro país a conceder o sufrágio às mulheres foi a Finlândia, em 1906, seguindo-se a Noruega, em 1913, e a Rússia (como resultado da revolução), em 1917.

Na Grã-Bretanha, a National Union of Women's Suffrage Societies (União Nacional das Sociedades a Favor do Sufrágio Feminino), também conhecida como "As Sufragistas", vinha fazendo pressão pelo sufrágio universal desde 1897. Em 1903, Emmeline Pankhurst criou a Women's Social and Political Union (União Social e Política Feminina — "As Sufragetes"), mais militante. Com a palavra de ordem "Ações, não Palavras", empreenderam uma campanha, muito divulgada, que incluía incêndios em prédios públicos e greve de fome quando presas. No dia 4 de junho de 1913, a sufragete Emily Davison — em um famoso incidente — parou à frente de Anmer, o cavalo do rei Jorge V, durante o Derby de Epsom. Foi atropelada e morreu quatro dias depois, em decorrência dos ferimentos.

Durante a Primeira Guerra Mundial, ambas as associações quase interromperam as atividades, embora devido ao recrutamento dos homens as mulheres estivessem envolvidas em uma série de trabalhos tradicionalmente tidos como masculinos. Em 1918, mulheres acima de 30 anos que possuíssem imóveis foram agraciadas com o direito ao sufrágio, e em 1928, enfim, puderam votar nos mesmos termos que os homens.

Na Alemanha, Áustria e Polônia, as mulheres obtiveram o voto após a guerra. Porém a França só lhes concedeu esse direito em 1944, e a Bélgica, em 1948. O último país europeu a estender às mulheres o direito de votar foi a Suíça, em 1971.

A Revolução Russa e a Ascensão da União Soviética

No início do século XX, pesados impostos estavam provocando crescente desespero entre os pobres da Rússia. A derrota esmagadora sofrida pelo país na Guerra Russo-Japonesa (1904-5) agravou ainda mais o descontentamento.

A agitação política e social — e em especial os disparos feitos por guardas, em São Petersburgo, contra uma multidão

CAPÍTULO SEIS: UMA NOVA ORDEM MUNDIAL

que protestava pacificamente — obrigou o tsar Nicolau II, em 1906, a estabelecer um parlamento (a Duma Federal). Porém, como o tsar resistia às tentativas de transformar a monarquia absoluta em monarquia constitucional, os distúrbios continuaram. Enquanto isso, a Rússia ingressava na Primeira Guerra Mundial.

Em março de 1917, assolado pela guerra, o governo russo enfrentou novos distúrbios em São Petersburgo, que culminaram com a abdicação do tsar (encerrando mais de 300 anos de império da dinastia Romanov) e a formação de um governo provisório. Em novembro de 1917, durante a Revolução de Outubro, o partido bolchevista de Vladimir Lenin, que pleiteava uma revolução socialista, assumiu o poder. Em março do ano seguinte, os bolcheviques assinaram o Tratado de Brest--Litovsk, que retirou a Rússia da guerra.

Seguiu-se uma guerra civil entre os Vermelhos (bolcheviques) e os Brancos (russos conservadores, que por algum tempo foram apoiados por forças Aliadas). O Partido Comunista Russo, como os bolcheviques se intitularam a partir de 1918, saiu vitorioso e, em 1922, estabeleceu a União Soviética (que englobava a Rússia, a Ucrânia, a Bielorrússia e a República Socialista Federativa Transcaucasiana, que por sua vez englobava a Geórgia, a Armênia e o Azerbaijão). Nicolau II e sua família foram fuzilados pelos bolcheviques em 1918.

Após a morte de Lenin, em 1924, ocorreram algumas disputas pelo poder entre os líderes bolcheviques. Josef Vissarionovitch Djugashvili, mais conhecido como Stalin ("homem de aço"), venceu a disputa e, em 1927, tornou-se o líder incontestable do Partido Comunista. No ano seguinte, lançou um programa de expansão e coletivização da agricultura e outro para desenvolver rapidamente a indústria. Milhões de pessoas morreram de inanição, sendo que 10 milhões na Ucrânia, no que ficou conhecido de "A Grande Fome" de 1932-33. Nos Grandes Expurgos de 1935-38, Stalin eliminou a oposição executando ou enviando para os campos de trabalho do Gulag os "velhos bolcheviques", integrantes da *intelligentsia*, oficiais do exército e milhões de outros indivíduos. Por meio desses métodos brutais, o Estado se tornou mais poderoso e a produção agrícola e industrial cresceu rapidamente, até a União Soviética ser devastada por uma nova guerra mundial. Entretanto, dessa vez estava no lado vencedor.

MUSSOLINI E A ASCENSÃO DO FASCISMO ITALIANO

Em 1919, um ex-professor de escola primária e ex-soldado chamado Benito Mussolini, que antes da guerra fora um socialista extremado, fundou em Milão uma associação chamada *Fasci Italiani di Combattimento* ("Liga Italiana de Combate"). Os fascistas, como foram então chamados, formaram um movimento antissocialista e anticapitalista que buscava o poder por qualquer meio, até a violência, dirigida contra autoridades eleitas e inimigos políticos. Em 1922, Mussolini orquestrou a Marcha dos Camisas-Negras sobre Roma e foi nomeado primeiro-ministro pelo rei Vítor Emanuel III, assumindo o título de *Il Duce* ("O Líder") em 1925.

Mussolini organizou seu governo em bases ditatoriais, e promulgou uma série de medidas governamentais (como a "Batalha pela Terra") destinadas a combater o atraso econômico e o desemprego na Itália. Tais medidas foram em grande parte malsucedidas. Uma intensa propaganda através da imprensa, do rádio e das escolas acompanhava muitas dessas iniciativas,

CAPÍTULO SEIS: UMA NOVA ORDEM MUNDIAL 167

tentando promover a ilusão de que o fascismo era mais eficiente que o liberalismo e a democracia.

A colonização ultramarina, com vistas a criar "espaço vital" para colonos italianos, foi também um ponto-chave na ideologia fascista de Mussolini. A Itália, dizia-se, era a herdeira do Império Romano e de seu legado territorial. Essas ideias iriam se alastrar pela Europa e inspirar Hitler, na Alemanha, e o general Franco, na Espanha. Mussolini adotou uma política externa agressiva, tanto na Etiópia, que invadiu e ocupou em 1935, quanto como aliado da Alemanha, na Segunda Guerra Mundial.

Em 1941, tropas britânicas expulsaram os italianos da Etiópia (assim como da Eritreia e da Somália), e depois que os Aliados invadiram a Sicília, em 1943, o rei destituiu Mussolini do cargo e mandou prendê-lo. Paraquedistas alemães o resgataram da prisão, mas em 1945 ele foi capturado e fuzilado por guerrilheiros comunistas italianos.

HITLER E A ALEMANHA NAZISTA

Em 1920-21, um ex-cabo austríaco que combatera na Primeira Guerra Mundial, chamado Adolf Hitler, tornou-se líder do Partido Nacional Socialista dos Trabalhadores Alemães (Nazionalsozialistiche Deutsche Arbeiterpartei — Partido Nazista, para abreviar). O talento de Hitler como orador lhe granjeou grande apoio quando clamou contra o abandono e a humilhação impostos à Alemanha pelos termos do Tratado de Versalhes e defendeu a expansão do território alemão. Hitler também baseou sua ideologia nazista no antissemitismo e na suposta existência de uma "raça superior" ariana.

Inspirado pela ascensão dos fascistas ao poder na Itália (1922), Hitler tentou dar um golpe em Munique, em 1923, incidente que ficou conhecido como o "Putsch da Cervejaria". Mas o golpe fracassou e Hitler permaneceu preso até 1924. Durante esse período, escreveu seu manifesto político autobiográfico, intitulado *Mein Kampf* (*Minha Luta*). O Partido Nazista começou a se expandir além de seu berço bávaro e, prometendo empregos e a restauração do orgulho nacional, adquiriu enorme impulso — principalmente durante a época de recessão e alto índice de desemprego que se seguiu à Quebra da Bolsa de Nova York, em 1929.

Em 1933, agora primeiro-ministro, Hitler estabeleceu uma ditadura de partido único, eliminando muitos de seus rivais na famosa "Noite das Facas Longas". Em seguida à morte do presidente alemão Paul von Hindenburg, em 1934, Hitler nomeou-se *Führer* (líder) do Reich alemão e, banindo os demais partidos políticos, criou uma onipresente rede policial. Assumindo o controle total do país, iniciou a perseguição aos judeus: as Leis de Nuremberg, de 1935, destituíram os judeus da cidadania alemã. Empresas de judeus foram então confiscadas. Em 1938, muitas sinagogas foram incendiadas e lojas de judeus, saqueadas, no incidente conhecido como *Kristallnacht* ("Noite dos Cristais").

Em 1936, Hitler deu seu primeiro e desafiador passo no plano internacional, ao reocupar a Renânia (algo expressamente proibido pelo Tratado de Versalhes). Mais tarde, no mesmo ano, aliou-se a Mussolini, em um pacto que ficou conhecido como Eixo Roma-Berlim. A política de não intervenção (apaziguamento) da Grã-Bretanha e da França permitiu que Hitler anexasse a Áustria em 1938 (Anschluss), e iniciasse a ocupação gradativa da Tchecoslováquia, ações que menosprezavam abertamente os termos dos tratados assinados em Paris.

A GUERRA CIVIL ESPANHOLA

Do final da Primeira Guerra Mundial até 1936, a Espanha estava seriamente dividida entre partidos e grupos ansiosos por derrubar o governo. Em 1931, os republicanos espanhóis forçaram o rei Alfonso XIII a se exilar. Foi substituído por um governo republicano que nos cinco anos seguintes, de maneira continuada, enfrentou diversos distúrbios, protestos e revoltas.

Em 1936, líderes militares e outros representantes da ala conservadora desfecharam um golpe militar contra o recém-eleito governo esquerdista da Frente Popular. O golpe foi malsucedido e culminou com três anos de guerra civil. O general Franco assumiu a liderança dos rebeldes (os chamados nacionalistas) e obteve o apoio da Alemanha nazista, que lhes enviou aviões, tanques, peças de artilharia, instrutores e conselheiros militares. O governo republicano recebeu ajuda da União Soviética, assim como cerca de 40 mil voluntários estrangeiros da Europa e dos Estados Unidos, muitos dos quais viam a guerra como uma luta contra o autoritarismo.

A intervenção da Itália fascista e da Alemanha nazista, porém, fez a balança pender para os nacionalistas, que consistentemente conquistavam territórios ao norte e ao sul. Em 1938, os nacionalistas já haviam dividido o território em duas partes, e em 5 de março de 1939, os representantes do governo da Frente Popular foram forçados a se exilar. No mês seguinte, o general Franco estabeleceu uma ditadura fascista na Espanha, que durou até sua morte, em 1975. A guerra foi marcada por três anos de luta sangrenta, que resultou na morte de 1 milhão de pessoas (600 mil em combate), um índice de mortalidade que superou a guerra civil norte-americana, mais prolongada.

A Segunda Guerra Mundial

No dia 1º de setembro de 1939, os blindados de Adolf Hitler invadiram o Oeste da Polônia. Ainda no mesmo mês, forças soviéticas invadiram o Leste. Colunas de tanques avançando rapidamente, seguidos pela infantaria motorizada e por uma intensa cobertura aérea (tática conhecida como blitzkrieg — "guerra-relâmpago"), permitiram que, em 27 de setembro, a Alemanha subjugasse o país. Dois dias após a invasão, veio o contra-ataque: a Grã-Bretanha e a França abandonaram suas políticas de apaziguamento e declararam guerra à Alemanha.

Em seguida, a União Soviética ocupou os países bálticos e atacou a Finlândia. Em abril de 1940, após um intervalo de seis meses, a Alemanha invadiu e conquistou a Dinamarca e a Noruega, e penetrou Holanda, Bélgica e França. As divisões de tanques Panzer alemãs, em sua investida em direção à costa francesa do Canal da Mancha, separaram a Força Expedicionária Britânica das tropas francesas ao sul. Winston Churchill, primeiro-ministro britânico, ordenou então a retirada pela região de Dunquerque, na França. Entre 26 de maio e 4 de junho, 338 mil soldados britânicos e franceses foram levados em barcos para a Grã-Bretanha. Duas semanas depois, o Norte da França foi ocupado por tropas alemãs, enquanto o Sul foi controlado pelo governo colaboracionista de Vichy, chefiado pelo marechal Pétain, herói francês da Batalha de Verdun, travada em 1916, durante a Primeira Guerra Mundial.

Após a queda da França, Hitler ordenou um bombardeio aéreo contra a Grã-Bretanha, mas, diante da significativa resistência da Real Força Aérea durante a Batalha da Grã--Bretanha (julho a outubro de 1940), adiou sua planejada invasão do país. Manteve, porém, os bombardeios sobre as

CAPÍTULO SEIS: UMA NOVA ORDEM MUNDIAL

cidades britânicas, conhecido como *Blitz*, que durou de setembro de 1940 a maio de 1941, matando cerca de 40 mil civis.

Em 1941, os governos pró-nazistas da Romênia, Bulgária e Eslováquia se uniram às potências do Eixo, enquanto Hitler conquistava a Iugoslávia e a Grécia. Em junho do mesmo ano, ele invadiu a Rússia. Após ter conquistado vastos territórios, a principal linha de frente alemã foi detida pela defesa soviética em Stalingrado. Os alemães conseguiram chegar ao centro da cidade, mas um poderoso contra-ataque soviético os deixou encurralados e, em janeiro de 1943, o comandante em chefe alemão se rendeu. Com cerca de 2 milhões de baixas nos dois lados, entre militares e civis, esta batalha assinalou o fim do avanço da Alemanha na Rússia e foi um divisor de águas na guerra.

O TÉRMINO DA SEGUNDA GUERRA MUNDIAL

Outro momento crítico no conflito ocorreu no final de 1942, perto da cidade de El Alamein, na costa norte do Egito, cerca de 240 km a noroeste do Cairo. Foi uma batalha em que as forças britânicas, comandadas pelo general Montgomery, obtiveram uma vitória decisiva sobre forças alemãs e italianas comandadas pelo marechal Rommel, impedindo que ocupassem o Egito e avançassem em direção ao Canal de Suez. Um mês mais tarde, forças anglo-americanas desembarcaram no Marrocos e na Argélia e, em maio de 1943, após a rendição das forças do Eixo na Tunísia, controlaram toda a costa norte--africana.

Enquanto isso, na Batalha do Atlântico, submarinos alemães atacavam navios mercantes Aliados, afundando uma média de 96 embarcações por mês em 1942. No ano seguinte, entretanto, melhores radares e a decifração, pelos britânicos, da criptografia da máquina Enigma, usada pelos alemães, permitiram que os britânicos redirecionassem seus comboios de modo a evitar as "matilhas" de submarinos inimigos. O sistema de inteligência que permitiu a decifração da Enigma, cognominado de "Ultra" pelos britânicos, foi também fundamental para as vitórias dos Aliados no Norte da África, na Itália e na Normandia.

Os Estados Unidos, que entraram na guerra ao lado dos Aliados depois que o Japão bombardeou Pearl Harbor, em 1941, foram também ajudados pela decifração das comunicações inimigas. Isso permitiu que forças navais norte-americanas tocaiassem e derrotassem a esquadra japonesa na Batalha do Mar de Coral, em maio de 1942, e na Batalha de Midway, no mês seguinte. Em 1943, os Estados Unidos já detinham o domínio efetivo do Pacífico — aéreo e marítimo —, e haviam recapturado vários territórios ocupados pelos japoneses. Em 1944, campanhas terrestres promovidas por norte-americanos e ingleses recuperaram as Filipinas e também a Birmânia (hoje Myanmar).

Na Europa, entre maio de 1942 e maio de 1945, os bombardeios estratégicos contra cidades, áreas militares e fábricas — promovidos por norte-americanos e britânicos — causaram enorme devastação, principalmente nas cidades de Hamburgo, Dresden e Berlim, com uma estimativa de 750 mil a 1 milhão de civis mortos.

Em julho de 1943, tropas Aliadas conquistaram a Sicília. Mussolini foi derrubado e, em setembro, teve início a invasão do território continental da Itália. Após nove meses de feroz resistência alemã, os Aliados entraram em Roma.

CAPÍTULO SEIS: UMA NOVA ORDEM MUNDIAL   173

A invasão Aliada da França começou no dia 6 de junho de 1944 (o Dia D), quando 150 mil homens desembarcaram em cinco praias da Normandia e romperam as defesas alemãs. No dia 25 de agosto, finalmente, libertaram Paris. A partir de então, as tropas Aliadas foram avançando em território europeu, sofrendo pesadas perdas nas Ardenas e na Batalha do Bulge. Em março de 1945, entraram na Alemanha e se uniram ao exército soviético. Hitler cometeu suicídio no dia 30 de abril. Em 8 de maio de 1945, os Aliados aceitaram a rendição incondicional da Alemanha e a data foi celebrada como o Dia da Vitória na Europa (*VE-Day*).

A VITÓRIA NO JAPÃO E O HOLOCAUSTO

Três meses após o *VE-Day*, nos dias 6 e 9 de agosto de 1945, bombardeiros norte-americanos jogaram bombas atômicas sobre as cidades de Hiroshima e Nagasaki. Cerca de 175 mil civis japoneses morreram instantaneamente, mas muitos outros morreram mais tarde, devido a queimaduras ou envenenamento por radiação. Esse evento, somado à declaração de guerra ao país por parte da União Soviética, em 14 de agosto, forçou o Japão a se render.

Após a rendição da Alemanha, os líderes dos países Aliados mais importantes — Stalin, Truman (sucessor de Roosevelt, que morrera em abril de 1945, como presidente dos EUA) e Churchill (depois Attlee, devido à derrota de Churchill e dos conservadores nas eleições gerais) — se reuniram na Conferência de Potsdam, em julho e agosto de 1945. Foram então acertados os termos das indenizações devidas pela Alemanha e a divisão do país em quatro zonas de ocupação, divididas entre os Estados Unidos, a Grã-Bretanha, a França e a União Soviética.

No mesmo ano, para substituir a ineficiente Liga das Nações e assegurar a paz, a segurança e a cooperação entre as nações, foi criada a instituição que recebeu o nome de Organização das Nações Unidas (ONU). Na Conferência de Ialta, que antecedeu a de Potsdam, fora estabelecido que a participação no órgão a ser criado seria aberta às nações que haviam apoiado os Aliados em março de 1945. Em junho de 1946, 50 nações assinaram a carta das Nações Unidas.

Cerca de 50 milhões de vidas foram perdidas na guerra, e muitos dos mortos — pelo menos 35 milhões — eram civis (dos quais 20 milhões na União Soviética e 4,5 milhões na Polônia). Pelo menos 10 milhões de civis (talvez até 17) foram deliberadamente exterminados em consequência da política ideológica nazista, com o sistemático genocídio de cerca de 6 milhões de judeus que ficou conhecido como Holocausto. Nas terras ocupadas pelos alemães, os judeus eram forçados a viver em guetos (60 mil morreram de inanição ou privações no Gueto de Varsóvia, em 1940) ou em campos de trabalhos forçados. Muitos civis, judeus e não judeus, foram mortos em fuzilamentos coletivos, uma prática que atingiu horríveis proporções à medida que os nazistas avançavam na Europa Oriental e no Oeste da Rússia, durante 1941 e 1942.

A "solução final para o problema judeu", conforme foi decidido pelos líderes nazistas em 1942, ocorreu sob a forma de campos de extermínio, seis dos quais construídos na Polônia. Nesses campos de concentração morreram mais 1,5 milhão de judeus, juntamente com soviéticos, prisioneiros de guerra poloneses, adversários políticos, deficientes físicos ou mentais, ciganos, homossexuais e outros grupos minoritários, vindos de toda a Europa ocupada pelos nazistas.

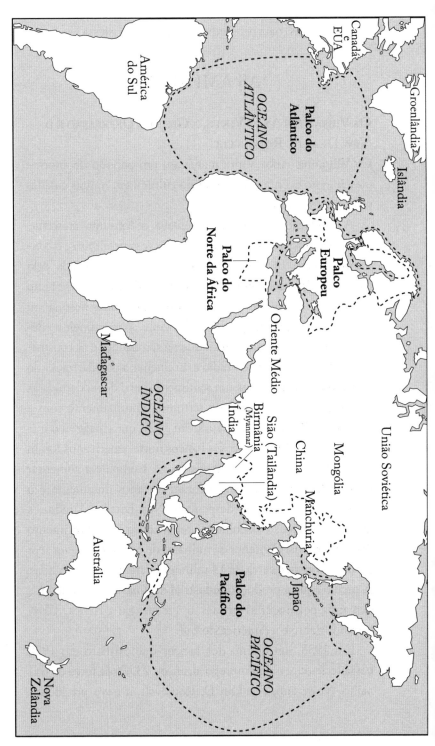

7 Principais Palcos da Segunda Guerra Mundial

AS AMÉRICAS

OS VIBRANTES ANOS VINTE, A GRANDE DEPRESSÃO E O NEW DEAL DE ROOSEVELT

Os Vibrantes Anos Vinte marcaram um período de enorme crescimento econômico e agitação cultural em muitas cidades norte-americanas.

A produção em massa alimentava o consumo crescente, enquanto o uso de aparelhos domésticos se generalizava e o consumo dobrava. A indústria automobilística — liderada pelo fabricante de automóveis Henry Ford — desenvolveu-se tanto que, em 1930, um em cada cinco norte-americanos possuía um automóvel (proporção que a Grã-Bretanha só iria atingir na década de 1960). Os avanços na indústria aeronáutica e na construção civil, o surgimento do rádio e do cinema, a popularização do jazz, tudo contribuía para um sentimento geral de modernidade.

Essa era de prosperidade terminou abruptamente com a Quebra da Bolsa de Nova York, em 1929, que sinalizou o início da Grande Depressão. Os bancos norte-americanos foram obrigados a recolher seus depósitos na Europa e a aumentar suas tarifas. Todos os países foram afetados duramente e o comércio internacional despencou. Nos Estados Unidos, a queda nos preços das colheitas provocou o empobrecimento das áreas rurais. Centenas de milhares de pessoas se viram sem ter onde morar, e cerca de 14 milhões ficaram desempregadas. À medida que a produção industrial declinava, caía também a demanda por matérias-primas, o que atingiu a África, o Extremo Oriente e a América do Sul.

Em 1933, um quinto dos bancos que existiam em 1930 havia fechado, e o desemprego alcançou 23,6% da força de trabalho. Nesse ano, Franklin D. Roosevelt, o novo presidente,

CAPÍTULO SEIS: UMA NOVA ORDEM MUNDIAL

prometeu enfrentar a Depressão com uma série de reformas econômicas, que ficaram conhecidas como o "New Deal". Elas incluíam a construção de milhares de estradas, escolas e outros prédios públicos, a implementação de um programa de seguridade social em 1935 e empregos públicos para os desempregados. A economia norte-americana melhorou temporariamente, mas no outono de 1937 despencou mais uma vez. A Depressão perdurou até 1941, só desaparecendo quando o país entrou na Segunda Guerra Mundial.

DESDOBRAMENTOS NOS PAÍSES LATINO-AMERICANOS

A quinta reeleição do ditador mexicano Porfirio Díaz, que governava desde 1877, deflagrou a Revolução Mexicana de 1910. A revolução acabou se transformando em uma guerra civil multilateral, que dizimou entre 2 e 3 milhões de pessoas (de uma população, em 1910, em torno de 14 milhões), e se prolongou de modo intermitente até 1934. A guerra resultou na criação do Partido Revolucionário Institucional (PRI) em 1929, que sob uma sucessão de nomes e líderes manteve o poder até o ano 2000 quando foi derrotado pelo candidato Vicente Fox.

No Brasil, a Grande Depressão da década de 1930 provocou uma queda acentuada no preço do café, um dos principais produtos de exportação do país (em 1900, o Brasil supria 75% da demanda mundial). A grande escassez de alimentos somada a uma crescente agitação social ensejaram a tomada de poder por Getúlio Vargas, em 1930. Ao longo dos 15 anos seguintes, embora governasse como um ditador, Vargas modernizou o Brasil, com reformas fiscais, educacionais e agrárias, melhorando assim as condições de vida dos pobres.

Em outras partes da América Latina, alguns governos se mostravam cada vez mais ressentidos com a influência dos

Estados Unidos. Grandes companhias norte-americanas obtinham o direito de explorar campos de petróleo em lugares como Peru e México e se imiscuíam em reformas agrárias e outros assuntos internos. Em 1924, um exilado peruano chamado Víctor Raúl Haya de la Torre fundou na Cidade do México a Aliança Popular Revolucionária Americana (APRA), também conhecida como "movimento aprista", que visava lutar contra o imperialismo dos Estados Unidos e unificar os índios norte-americanos.

Em 1933, o presidente peruano Luis Sánchez Cerro foi assassinado por um aprista, o que provocou um conflito entre o governo e a APRA que se prolongaria por mais de cinquenta anos.

No México, o presidente Lázaro Cárdenas nacionalizou os poços de petróleo das companhias norte-americanas e britânicas, e não recuou de sua decisão, apesar do corte das relações diplomáticas por parte da Grã-Bretanha e do boicote internacional a produtos mexicanos. Durante a Segunda Guerra Mundial, com a crescente demanda por petróleo, o México começou a exportá-lo para a Alemanha nazista e a Itália fascista.

OCEANIA

A Commonwealth da Austrália e o Dominion da Nova Zelândia

Em 1º de janeiro de 1901, as seis colônias da Austrália se reuniram para formar a Commonwealth. Uma fase de integração e crescimento econômico teve início, e o governo federal começou a planejar a construção de uma capital,

CAPÍTULO SEIS: UMA NOVA ORDEM MUNDIAL

que veio a se chamar Canberra. Cada estado manteve sua administração regional, embora as leis federais tivessem precedência e o governo ainda estivesse sujeito à soberania britânica (contudo, ao longo dos anos, o governo australiano foi ganhando cada vez mais independência). Por volta de 1930, os descendentes de europeus somavam 3,4 milhões de habitantes no país; os aborígenes, estimados em 1 milhão antes de 1788, tiveram sua população reduzida para 67 mil nativos, que o governo começou a remover para grandes reservas.

Durante a Primeira Guerra Mundial, a Austrália foi uma firme aliada dos britânicos, juntando-se à Nova Zelândia para formar o Anzac (sigla inglesa para Corpo de Exército Australiano e Neozelandês). O país foi duramente assolado pela Depressão, quando muitos australianos atingiram um estado de extrema pobreza. Contudo sua economia se recuperou rapidamente.

Em 1907, a Nova Zelândia adquiriu o status de Dominion* do Império Britânico (tendo se recusado, em 1901, a integrar a Commonwealth da Austrália), e na década de 1920 já era praticamente autônoma.

A Grande Depressão, com seus efeitos nocivos sobre a economia do país, facultou a eleição do primeiro governo trabalhista da Nova Zelândia, em 1935, que implantou uma ampla política de assistência social. Na reforma foi incluída a população maori, que segundo o governo deveria ter direitos iguais aos da população de origem europeia no tocante à habitação e

---

* Palavra de sentido aproximado ao de Commonwealth, mas neste caso o país continuava nominalmente — e sua política externa, efetivamente — sob a tutela da Coroa Britânica. (N.T.)

aos benefícios sociais. Curiosamente, durante a Segunda Guerra Mundial, os maoris foram dispensados do recrutamento, embora muitos tenham se alistado voluntariamente (cerca de 17 mil deles participaram da guerra). Em 1947, a Nova Zelândia obteve sua independência total.

BIBLIOGRAFIA SELECIONADA

Ansary, Tamim, *Destiny Disrupted: A History of the World through Islamic Eyes*, PublicAffairs, 2010.

Brazier, Chris, *The No-Nonsense Guide to World History*, segunda edição revisada, New Internationalist, 2006.

Davies, Norman, *Europe: A History*, nova edição, Pimlico, 1997.

Encyclopaedia Britannica (on-line: http://www.britannica. com/).

Gombrich, E.H., *A Little History of the World*, Yale University Press, 2008.

Grant, Neil, *Oxford Children's History of the World*, nova edição, Oxford University Press, 2006.

Haywood, John, *The Ancient World: A Complete Guide to History's Great Civilizations from Egypt to the Roman Republic*, Quercus, 2010.

Keen, Maurice, *The Pelican History of Medieval Europe*, Penguin, 1969.

Kinder, Hermann e Hilgemann, Werner, *The Penguin Atlas of World History*, Volume 1, *From Prehistory to the Eve of the French Revolution*, edição atualizada, Penguin, 2004; Volume 2, *From the French Revolution to the Present*, Penguin, 2004.

Roberts, J.M., *The Hutchinson History of the World*, Helicon, 1992.

Somerset Fry, Plantagenet, *History of the World: From the Ancient Egyptians to the Asian Tsunami — the Ultimate Guide to the History of the World*, Dorling Kindersley, 2007.

Townson, Duncan (ed.), *The New Penguin Dictionary of Modern History 1789-1945*, Penguin, 1994.

Wright, Edmund e Law, Jonathan (eds.), *Oxford Dictionary of World History*, segunda edição, Oxford University Press, 2006.

ÍNDICE REMISSIVO

Abbas I, 84

Abissínia, *ver* Etiópia

Aborígenes, 109, 142-143, 179

Abu Bakr, 54

Áccio, Batalha de, 47

Acre, 81

ad-in, Safi, 84

Adena, 50

Adriano, imperador, 47

Afeganistão, 13, 40, 59-60, 87-88, 92, 116

  selvageria mongol no, 87

África, 21, 46, 75-79, 111-112, 159

  "Disputa" pela, 113-114, 145

  escravos da, *ver* escravidão

  europeus exploram a, 111-112

  ferro e prata na, 36

  Norte da, Justiniano conquista o, 61

  Norte da, o islamismo se estende para o, 54, 61

  primeiras sociedades agrícolas na, 12

  rebeliões na, 145-146

África do Sul, 101, 114, 144, 146

  na Primeira Guerra Mundial, 159

Africano, Congresso Nacional, 147

agricultura, 53, 55, 123

  primórdios, África, 12

  primórdios, Américas, 27, 50

Akbar, 92

Al-Andalus, 54, 75-76

Al-Azhar, mesquita, 56

al-Mahdi, Abdullah, 55

al-Mamun, 55

al-Rashid, Harun, 55

Alasca, 139

Alemanha, 62, 95, 125, 131, 144, 169

  crescente poder da, 136

  cristianismo se difunde na, 63

  Cruzadas e, 81

  indústria na, 131

  na África, 145-146

  nazismo na, 167-168

  Primeira Guerra Mundial e, 154, 156-162

  Segunda Guerra Mundial e, 170-175

  sufrágio feminino e, 164

  Tríplice Aliança e, 156

Alexandre III da Macedônia ("o Grande"), 16, 20-21, 30, 33, 40, 45

Alexandria, 45

Alfonso VI da Espanha, 75

Alfonso XIII da Espanha, 169

Alfredo, rei, 66

Almôada, Império, 75-76

Almorávida, Império, 75

Alp Arslan, 79
América Central, 27-28, 137
América do Norte, 50, 67, 100, 125
  assentamentos europeus na, 101,
  107-108
  escravos na, *ver* escravidão
  expansão da, 139
  migração em massa para a,
  133-134, 140
  ver Canadá; Estados Unidos
América Latina, guerras de
  independência na, 137
América, assentamentos britânicos
  na, 100
Americana, Revolução, 136-137
amoritas, 14
Anastácio, 61
Anatólia, 19, 27, 45, 46, 49
Andes, 28, 70
anglos, 62
Angola, 114
Aníbal, 37, 46
Antioquia, 45
Aquêmenes, rei, 29
Aquemênidas, 29-30
árabes, 32-33, 37, 40, 52, 65, 78
  escravos e, 79, 113
  islamismo e, *ver* Islamismo
  na Palestina, 148-149
  numerais e, 81
Arábia Saudita, 56
Ardacher I, 31, 32
Argélia, 56, 75, 83, 147, 171
Argentina, 104, 134
  independência da, 138
Argos, 26
arianos, 23

armas
  arco longo, 96
  de bronze, 19, 24
  equipamentos para cercos, 20
  ferro, primeiras armas de, 19
  inovações assírias, 18
  navios de combate, 156
  pólvora, 86
Armênia, 31, 32, 79, 87, 88, 165
arsácida, dinastia, 30, 31
Ashanti, 110-111, 114
Ashikaga, xogunato de, 85
Ásia Menor, 19, 26, 29, 34, 79-80,
  82
  Tamerlão invade a, 88
Asoka, 38, 40
Assíria, 18-20, 30, 45
  Ciro captura a, 29
  Israel conquistado pela, 33
  ver Síria
Assur, 20
Assurbanipal, rei, 20
astecas, 74, 102-105
Atahualpa, 104
Atenas, 30, 44-45
Átila, 62
Attlee, Clement, 173
Augusto/Otaviano, 47
Austrália, 109, 134, 142-143, 179
  Primeira Guerra Mundial e,
  159, 179
  transporte para a, 142-143
Áustria-Hungria, 135, 157, 159
  Primeira Guerra Mundial e,
  161, 162
Áustria, 48, 83, 124-125, 128, 132,
  135, 162

ÍNDICE REMISSIVO

Hitler anexa a, 168
sufrágio feminino e, 163
Tríplice Aliança e, 156
Austro-Prussiana, Guerra, 135
ávaros, 65
Axum, 36, 52
Azerbaijão, 83, 165

Babilônia, 14, 16, 18-20, 29, 33
Babur, 88, 92
Bagdá, 54-56, 79, 84, 88, 159
Bálcãs, 82, 134
Balfour, Declaração de, 149
bálticos, países, 170
bantos, 52, 78
bárbaras, migrações, 61-62
Beijing, 87, 150, 153
Beirute, 21
Bélgica, 65, 129, 135, 157
    Primeira Guerra Mundial e,
    164
    Segunda Guerra Mundial e,
    170
Bengala, 92, 119
Benim, 77, 110
berberes, 56, 75-76
Bíblia, ver cristianismo
Biblos, 21
Birmânia, 38, 172
Bismarck, Otto von, 135, 156
Bizâncio, 48
    centros de comércio gregos em,
    44
Bizantino, Império, 32, 60-61, 82
    Cartago incorporada ao, 37
    fim do, 82

início do, 48
Bolívar, Simón, 138
Bolívia, 71, 104
Bombaim, 118
Bonaparte, José, 137
Bonaparte, Napoleão, 128, 137
Bósnia e Herzegovina, 147
Boston, Festa do Chá de, 136
Boxers, Rebelião dos, 150-151
Brasil, 101, 106, 113, 134, 138, 177
Brest-Litovsk, Tratado de, 158, 165
Bruce, James, 111
Bruges, 95
budismo, 37-38, 40, 57-58
Bulgária, 147-148, 157, 161-162,
    171
Búlgaro, Império, 68
búlgaros, 135
Burton, sir Richard, 112

Cabo da Boa Esperança, 115
Cabot, John, 106
Cabul, 92, 116
Caillié, René, 112
Cairo, 56, 171
Calais, 97, 131
Calcutá, 118-119
caldeus, 18, 20
Califórnia, Corrida do Ouro na,
    139
Calvino, João, 98
Canaã, 19, 32
Canadá, 101, 106, 125, 134, 144
Canas, 37
Cantão, 121, 152
Canuto, rei, 66

Cárdenas, Lázaro, 178
Carlos I, 101
Carlos II, 101
Carlos Magno, 63, 65-66
Carlos V da França, 96
Carolíngia, Renascença, 66
Carras, Batalha de, 31
Cartago, 21, 36-37, 46
cartismo, 131
cassitas, 18
Castores, Guerras dos, 107
Catarina, a Grande, 124, 126
Cáucaso, 83, 116
Cavour, conde de, 135
Caxemira, 38
Ceilão, 38
celtas, 48-49
Cem Anos, Guerra dos, 96-97
Cerro Colorado, 50
Cerro, Luis Sánchez, 178
César, Júlio, 47
Champlain, Samuel de, 106
Chandragupta I, 40
Chandragupta Maurya, 40
Changan, 57-59
chavín, civilização, 28, 49
Chichén Itzá, 73
chichimecas, 74
Chile, 104, 138
Chin, dinastia, 41-42
China, 22-23, 41-42, 54, 57-58, 78, 91-92, 118-119
  budismo na, 38, 58
  Cidade Proibida, 91
  Grande Muralha da, 41
  guerra civil na, 153-154
  Guerras do Ópio na, 119, 121

Guerras Sino-Japonesas e, 123, 151-153
  influência da, sobre o Japão, 58
  islamismo chega à, 54
  Peste Negra e, 91
  primeira civilização da, 22-25
  primeiro império unido da, 41
  revolução na, 150-151
  Roma e Índia comerciam com a, 38
  ver dinastias individualmente
Chipre, 21, 25, 27, 54, 83
Churchill, Winston, 170, 173
Cidade do Cabo, 101
Ciro II ("o Grande"), 18, 29
Cláudio, imperador, 47
Cleópatra, rainha, 47
Clive, Robert, 118
Clontarf, Batalha de, 67
Clóvis, 65
Colombo, Cristóvão, 100, 105
comércio, crescimento do, 94-95
Companhia da Baía de Hudson, 100
Companhia Holandesa das Índias Orientais, 100
Concílio de Constantinopla, 35
Concílio de Trento, 99
confucionismo, 25, 117
Congo, 114
conquistadores espanhóis, 72, 105-106
Constantino, 35, 48, 60
Constantinopla, 35, 48, 54, 60
  cerco dos árabes sobre, 60
  cerco dos eslavos sobre, 67
  conquista otomana de, 82

ÍNDICE REMISSIVO

Cruzadas e, 81
Grande Cisma e, 69
vikings chegam a, 67
Contrarreforma, 98-99
Cook, capitão James, 142-143
Corão, 53
Córdoba, 55, 76
Coreia, 38, 41-42, 57, 92, 123
Japão invade a, 86, 151
Corinto, 44
Cortés, Hernán, 105
Cosroés I, 32
Creta, 21, 25-26
Crimeia, 90, 132-133
cristianismo
catolicismo, 69, 98-99, 101
Constantino abraça o, 34-35, 60
crescimento do, 62-63
Grande Cisma no, 69
nascimento do, 34-35
ortodoxo na Rússia, 67
protestantismo e, 98-99
ver Bíblia
zoroastrismo, influências do, 30
Cromwell, Oliver, 101
Cruzadas, 56, 66, 80-81, 94
Ctesifonte, 31-32
Cuba, 105, 113, 137
Cuche, 35-36, 52
Curdistão, 84
Cusco, 104-105
Custer, tenente-coronel George, 140

da Vinci, Leonardo, 97
Damasco, 20, 54, 88, 159

Dampier, William, 109
Danelaw, 66
Danzig, 95
Dario I, 30, 31
Dario III, 45
Davi, rei, 33
Décio, imperador, 34
Declaração de Direitos, 101
Délhi, 88, 92-93, 117, 155
democracia, primeira do mundo, 44
dervixes, 114, 145
Descartes, René, 126
Dia D, 173
Dias, Bartolomeu, 78
Díaz, Porfirio, 177
Dido, rainha, 36
Dinamarca, 98, 132
Primeira Guerra Mundial e, 159
Segunda Guerra Mundial e, 170
Diocleciano, imperador, 34, 48
Domesday Book, 94
Dublin, 66-67
Dunquerque, 170

Eduardo III, 96
Eduardo, o Príncipe Negro, 96
Éfeso, 30
Egeu, Povos do Mar, 19, 27
Egito, 17, 28, 44-45, 129, 145, 147
Alexandre III invade o, 45
Antigo Império do, 14-15
centros de comércio gregos no, 44
Esfinge, 15

fatímidas conquistam o, 56
Gizé, 15
influência decrescente do, 15
islamismo chega ao, 53
lento declínio do, 16
Médio Império do, 15
Novo Império do, 16
otomanos e, 81
Segunda Guerra Mundial e, 171
unificação do, 15
vale dos Reis, 16
El Salvador, 28
elamitas, 14
Elizabeth I da Rússia, 124
Elizabeth I, 107
Engels, Friedrich, 132
Enigma, máquina de criptografia, 172
Equador, 104
Era Védica, 23-24
Erasmo, Desidério, 98
Eritreia, 167
Escócia, *ver* Grã-Bretanha
escravidão/tráfico de escravos, 36, 43, 67, 76-78, 106, 108, 111-112
abolição da escravatura, 91, 112-116, 140
escrita
chinesa, 22-23
cuneiforme, 14, 19-20
do vale do Indo, 22
dos cuchitas, 35
dos etruscos, 41
em cascos de tartarugas, 24
eslávica, 67
fenícia, 43

grega, 25, 41, 43
hieroglífica, 15, 72, 103
linear A, 26
maia, 71-72
minoica, convertida em uma forma de grego, 27
numerais arábicos, 39, 55, 80-81
pictográfica, 103
tipos móveis e, 57
eslavos, 65, 67-68
Espanha, 35-36, 125-126, 129-130, 166
celtas entram na, 49
exércitos árabes entram na, 65
governo islâmico na, 54
Guerra Civil Espanhola e, 169
islamismo chega à, 61
muçulmana, os almôadas conquistam a, 76
ver Conquistadores espanhóis
Esparta, 44-45
Estados Unidos, 102, 114, 127, 137, 139-141, 144, 160
gripe espanhola e, 162-163
"New Deal" nos, 176-177
Primeira Guerra Mundial e, 159, 161
Segunda Guerra Mundial e, 171-173
sufrágio feminino e, 163
ver América do Norte
estradas
assírias, 20
aumento do número de, na Grã-Bretanha, 130
incas, 104
romanas, 46-47

ÍNDICE REMISSIVO

Etiópia, 52, 111, 114, 145, 147, 167
etruscos, 42-43, 46
Evans, Arthur, 25

Fátima, 56
Fenícia, 21
ferrovias, 130-131, 150
feudalismo, 93-95, 102
Fiji, 144
Filipe II da Espanha, 99
Filipe II da França, 81
Filipe II da Macedônia, 45
Filipe V da Espanha, 125
Filipe VI da França, 96
Filipinas, 109, 139, 172
Finlândia, 124, 163, 170
Florença, 95, 98
Ford, Henry, 176
Fraates III, 31
França, 61, 64-65, 126
   chegada dos celtas à, 47-48
   colônias, ver países
   individualmente
   Cruzadas e, 81
   escravos e, 78
   exércitos árabes entram na, 65
   guerra entre protestantes e
     católicos, 99
   islamismo chega à, 54
   na Guerra da Rainha Ana, 125
   na Guerra Franco-Prussiana,
     135
   na Índia, 118-119
   Primeira Guerra Mundial e,
     156-158, 161-162
   Revolução na, 127-129

Segunda Guerra Mundial e,
   170-171
sufrágio feminino e, 163
territórios norte-americanos,
   caribenhos e indianos da, 101,
   106-107
Tríplice Entente e, 156
   ver Império Franco
Francesas, Guerras
   Revolucionárias, 128-129
Francisco Ferdinando, arquiduque,
   156
Franco, general Francisco, 167, 169
Franco, Império, 65-66
   escravos e, 79
Franklin, Benjamin, 127
Frederico I, o "Barba Ruiva", 81
Frederico, o Grande, 125-126
Fujiwara, clã, 59

Gália, 47, 62-63, 65
Galileia, 33-34
Galípoli, 158
Gama, Vasco da, 78
Gâmbia, 111
Gana, 110
Gana, Império de, 52-53, 75-76
Gandhi, Mohandas, 154-155
Gante, 95
Garibaldi, Giuseppe, 135
gauleses, 48, 62
Gaznávida, Império, 59-60
Gengis Khan, 87-88, 92
Gênova, 83, 95
Geórgia, 88, 108, 141, 165
Gettysburg, Batalha de, 141

Ghazna, 59-60
Gibraltar, 66
Gobind Rai, guru, 93
godos, 61-62
Grã-Bretanha
  chegada dos celtas à, 47
  Cláudio conquista a, 47
  coalizão contra a França,
    128-129
  colônias e império da, *ver* países
    individualmente
  cristianismo se difunde na, 62
  expansão russa e, 133
  incursões vikings na, 63
  Primeira Guerra Mundial e,
    156, 161-162
  Revolução Americana e,
    136-137
  Segunda Guerra Mundial e,
    160, 170-171
  sufrágio feminino e, 163-164
  tráfico de escravos e, *ver*
    escravidão
  Tríplice Entente e, 156
  união com a Escócia e, 126
  ver Inglaterra; Escócia; País de
    Gales
Grande Cisma, 69
Grande Depressão, 176-177, 179
Grande Guerra do Norte, 124
Grande Jornada, 115
Grande Zimbábue, 77-78
Grant, general Ulysses S., 141
Grécia, 25, 42-43, 45, 54, 133, 147,
  161
  cidades-estado da, 43, 45
  clássica, 25, 43

comércio dos celtas com a, 48
conflito de Cartago com a, 35
escravos e, 78
etruscos expulsos da Itália
  central pela, 42
Filipe II conquista a, 45
grande influência da, 42
Guerra do Peloponeso e, 45
Guerras Persas e, 29
Xerxes invade a, 30
Gregório, o Grande, 63
gripe espanhola, 162
Groenlândia, 67
Guam, 109, 139
Guatemala, 71-72
Guiana Francesa, 134
Guilherme ("o Conquistador"), 94
Guilherme I da Alemanha, 135
Guilherme III, 101
Gupta, Império, 40-41
Gutenberg, Johannes, 98

Haile Selassie, 147
Hamburgo, 95, 172
Hammurabi, rei, 18
Han, dinastia, 41-42
Hankou, 152
Hanseática, Liga, 95
Haroldo II, 94
Hassan, Mohammed Abdullah,
  145
Hastings, Batalha de, 94
Hatshepsut, 16
Hattusa, 19
Hattusili I, 19
Havaí, 139, 142, 144

ÍNDICE REMISSIVO

Haya de la Torre, Víctor Raúl, 178
hebreus, 32
   ver Israel
Heian, 59
Henrique V, 96
Henrique VIII, 98
Hideyoshi, Toyotomi, 86
Hindenburg, Paul von, 168
hinduísmo, 22, 93
   budismo substituído pelo, 38, 40
   sistema de castas do, 23
Hiram, rei, 33
Hiroshima, 152, 173
hititas, 18-19
   colapso do poder dos, 19, 27, 42
Hitler, Adolf, 167-168, 170-171, 173
Holocausto, 173-174
Hong Kong, 121
Hongwu, 91
Honshu, 58
huacas, 50
Huari, 70-71
humanismo, 97
Hume, David, 126
Hungria, 68, 82, 87, 132, 135
hunos, 32, 41, 57, 61-62, 65
Husayn, 116

Idade do Ferro, 19, 48
idiomas
   asteca, 103
   celta, 48
   híndi, 23
   japonês, 58

maia, 71-72
   nativo norte-americano, 103
Iêmen, 56, 81
Ieyasu, Tokugawa, 86
Ifé, 77
ilha de Man, 49
Iluminismo, 126-127, 136-137
impressão/imprensa, 57, 98, 127
incas, 103-105
Índia, 38-39, 54, 56, 78, 116
   Alexandre III invade a, 44
   britânicos e franceses na, 119-121
   divisão da, 154
   "Era Dourada" da, 40
   gripe espanhola e, 162
   independência da, 153-154
   invasores arianos na, 21-22
   islamismo chega à, 53
   Mahmud ataca a, 58
   motins na, 121
   Norte da Índia, Gengis Khan conquista o, 87
   portugueses na, 78
   Roma e China comerciam com a, 38
   selvageria mongol na, 87
   Taj Mahal, 93
Índias Ocidentais, 100-101, 137
Indo, 22, 30
Indochina Francesa, 152
Indonésia, 108-109, 163
Inglaterra, 62, 66, 134
   escravos e, 78
   guerra civil na, 100
   ver Grã-Bretanha
inuítes, 106

Irã, 29-31, 84, 90, 116
Iraque, 13, 54-55, 83, 88, 90, 116, 148, 159
Irlanda, 49, 94, 132, 134
    cristianismo finca raízes na, 63
Isfahan, 84-85
islamismo, 30, 53-54, 145
    califado abássida, 54-55
    califado aiúbida, 56
    califado fatímida, 55-56
    difusão do, 54
    "Era de Ouro" do, 40
    influências do zoroastrismo, 30
    nascimento do, 53-54
    ver impérios individualmente
    xiitas *versus* sunitas, 55-56, 84
Islândia, 67
Ismail I, 84
Israel, 19
    Assíria conquista, 33
    como Canaã, 19
    Dez Tribos Perdidas de, as, 20
    formação de, 149
    ver hebreus
Istambul, 60, 82
Itália, 25, 115, 129-130, 168
    austríacos expulsos da, 135-136
    celtas chegam à, 47
    Cruzadas e, 81
    etruscos na, 41, 45
    fascismo na, 165-166, 168
    francos entram na, 61
    hunos devastam a, 60-61
    Justiniano conquista partes da, 60
    lombardos expulsos da, 64

Primeira Guerra Mundial e, 158
Renascimento surge na, 97
Roma derrota outros povos da, 45
Segunda Guerra Mundial e, 170-171
Tríplice Aliança e, 156
Ítalo-Turca, Guerra, 147
Itzcoatl, 102
Iugoslávia, 162, 171
Ivan V, 124

Jackson, general "Stonewall", 141
Jaime I, 101, 107
Jamaica, 147
Jamestown, 107
Jan III, 84
Janszoon, Willem, 109
Japão, 41, 56, 85-86
    ascensão do, 151-152
    budismo no, 38, 57
    clã Yamato, 58
    Primeira Guerra Mundial e, 157-158
    Reformas Taika no, 58-59
    Restauração Meiji no, 122-123
    Segunda Guerra Mundial e, 170-173
    xóguns no, 85
Jefferson, Thomas, 127
Jerusalém, 33-34, 80-81, 149, 158
    Templo em, 29
Jesus, 33-34
Jiangxi, 153
Joana D'Arc, 96

ÍNDICE REMISSIVO

Jordânia, 56, 148, 162
Jorge III, 136
Judá, 33
judaísmo, 30, 33
judeus
  diáspora dos, 33
  Jesus, e, 34
  perseguição nazista aos, 149,
  168, 174
  russos, 134
  Torá dos, 33
  ver Israel; sionismo
Justiniano I, 61
Jutlândia, 62, 159
jutos, 62

Kadesh, Batalha de, 19
Kammu, 59
Kangxi, 117-118
Kemal Atatürk, general Mustafa,
  148
Kiev, 68, 95
Kotoku, imperador, 58
Kublai Khan, 91
Kumasi, 111
Kushana, Império, 40

La Tène, 49
Lahore, 60, 117
Lawrence, T. E., 158
Leão III, papa, 65
Leão IX, 69
Lee, Robert E., 141
Lenin, Vladimir, 165
Lepanto, Batalha de, 83, 99

Letônia, 124
Líbano, 21, 56, 90
Líbia, 56, 75, 148
Liga das Nações, 162, 174
Lincoln, Abraham, 140-141
Little Bighorn, Batalha de, 140
Livingstone, David, 112
lombardos, 62
Longa Marcha, 153
Louisiana, 106, 139
Lübeck, 95
Luís XIV, 101, 106
Luís XV, 127
Luís XVI, 127-128
Lusitania, 159
Lutero, Martinho, 98

MacAlpin, Kenneth, rei, 66
Macedônia, 45-46
Madras, 118-119
Magalhães, Fernão de, 100, 109
magiares, 67-68
Magna Grécia, 43
Magreb, 56
Mahmud, 59-60
maias, 28, 70-73, 103
Maji Maji, Rebelião, 146
Malaca, 109
Mali, 52, 76-77
Manchu, dinastia, *ver* Qing,
  dinastia
Manchúria, 92, 118, 151-152
Mandingos, 76
Manifesto Comunista, 132
Mao Zedong, 153
Maomé, 53-54, 56

maoris, 109, 143, 180
Maratona, Batalha de, 30, 44
Marco Antônio, 47
Maria Antonieta, 128
Maria II, 101
Marne, Batalha do, 157
Marrakech, 75
Marrocos, 56, 75-76, 171
Martel, Carlos, 54, 65
Marx, Karl, 132
matemática
    Pitágoras, e, 44
    sistema decimal, guptas, 40
    tabelas de multiplicação,
        dinastia Zhou, 25
    trigonometria, realizações
        islâmicas, 55
Mauritânia, 52, 75
Maurya, Império, 38, 40
Mawr, rei Rhodri, 66
Mayflower, 108
Meca, 53-54, 56
Medina, 54, 56
medos, 20, 29
Meiji, 86, 122
Mênfis, 35
merínida, dinastia, 76
Meroé, 35-36
merovíngia, dinastia, 65
Mesopotâmia, 13, 16, 18, 20, 32,
    87, 159
Metternich, príncipe Von, 129
México, 27, 51, 70-74, 102, 105,
    138
    independência do, 138
    revolução no, 178
México, Cidade do, 70, 102, 178

micenianos, 26-27, 43
Michael Cerularius, 69
Mil e Uma Noites, As, 55
Ming, dinastia, 88, 91-92
Minoa, 25
Mitridates I, 31
Mitridates II, 31
Mixcoatl, 73
Moçambique, 114
moche, 50
Mogol, Império, 88, 92-93, 116
mogollon, 51
Mongol, Império, 76, 86-88, 94
Mongólia, 118
Monte Albán, 51
Montenegro, 147-148
Montezuma II, 103, 105
Montgomery, general Bernard, 171
Mosul, 84
Mursili I, 19
Mussolini, Benito, 166-168, 172
Mutsuhito, imperador, 122

Nações Unidas, 149, 174
Nagasaki, 152, 173
Namíbia, 145
Nanak, Guru, 93
Nanda, 40
Nanquim, 91, 121-122, 152-153
Napoleão I, *ver* Bonaparte
Napoleão III, 135
Napoleônicas, Guerras, 128
Nara, 59
Natal, 115, 146
nativos norte-americanos, 108,
    139-140

ÍNDICE REMISSIVO

Nazaré, 149
Nelson, almirante Horatio, 129
Newton, Isaac, 126
Nicolau II, da Rússia, 165
Nigéria, 53, 77, 110
Nightingale, Florence, 133
Nilo, Batalha do, 129
Nilo, vale do, 14-15
Nínive, 20
Nobunaga, Oda, 85-86
Normandia, 67, 172-173
normandos, 67, 81, 94
Norte-Americana, Guerra Civil,
   113, 140-141
Noruega, 163, 170
Nova Caledônia, 134
Nova Espanha, 105
Nova França, 107, 125
Nova Inglaterra, 100, 107
Nova Zelândia, 109, 138, 143-144,
   163, 179
   Primeira Guerra Mundial e,
   179
   Segunda Guerra Mundial e,
   180
Novo México, 51, 139
Núbia, 15-16, 35

O'Higgins, Bernardo, 138
Oaxaca, 51
olmecas, 27-28, 70-71
Omã, 116
Omar, califa, 54
omíada, dinastia, 54
Ópio, Guerras do, 119-121
Orange, Estado Livre de, 115, 146

Oregon, Tratado do, 139
Ormuz, 84
ostrogodos, 62
Oto I, 68
Otomano, Império, 61, 80, 82-84,
   100, 120, 132, 135
   dissolução do, 147-148
Oyo, 110

Pachacuti Inca Yupanqui, 104
Paine, Thomas, 126, 136
País de Gales, 49, 59, 90
   ver Grã-Bretanha
Países Baixos, 98-99, 122, 130
   África do Sul e, 78, 116
   escravos e, 78
   Segunda Guerra Mundial, e,
   169
Palestina, 16, 18, 29, 79-82, 90,
   148-149, 162
   Alexandre III toma a, 33
   controle muçulmano da, 34
   islamismo chega à, 54
   unificação da, 33
Pankhurst, Emmeline, 164
papel, invenção do, 41, 55
Paquistão, 11, 13, 22, 40, 116, 155
Paracas, 49-50
Paris, Tratado de, 137
Park, Mungo, 111
partas, 31, 46
Pearl Harbor, 152, 172
Pedro I ("o Grande"), 124
Pedro I do Brasil, 138
península Ibérica, 129
Peninsular, Guerra, 137

Pérsia, 14, 18, 28, 43, 46, 54, 56, 58, 83-84, 117
    Abbas une a, 85
    Alexandre III invade a, 45
    Assíria governada pela, 20
    Babilônia invadida pela, 17
    Egito conquistado pela, 15
    Gengis Khan conquista a, 87
    Guerras Persas e, 30
    islamismo chega à, 53, 60
    otomanos e, 83
    selvageria mongol na, 87
    ver impérios individualmente
Peru, 28, 50, 66, 100, 105, 138, 178
Peste Negra, 86, 90-91, 94, 96, 106
Pétain, marechal Philippe, 170
Pilatos, Pôncio, 34
Pisa, 95
Piye, rei, 35
Pizarro, Francisco, 104
Polo, Marco, 87
Polônia, 87, 125, 130, 161
    Primeira Guerra Mundial e, 158
    Segunda Guerra Mundial e, 169, 173
    sufrágio feminino e, 163
Porto Rico, 137, 139
Portugal, 79, 90, 100, 129, 138, 150, 157
Potsdam, Conferência de, 173-174
Primeira Guerra Mundial, 135, 148-149, 152, 154, 156, 161, 164-165, 167, 169-170, 179
Províncias Unidas, 128
Prússia, 125-126, 128-129, 135

Ptolomeu, 46
Púnicas, Guerras, 36, 46
Punjab, 40, 60, 93, 154-155
puritanos, 101, 108
Puyi, 151-152

Qianlong, 118
Qing, dinastia, 92, 117-119, 121-122, 150-151
Quebec, 106
Quebra da Bolsa de Nova York, 11, 168, 176
Quioto, 58-59, 85, 123

Rainha Ana, Guerra da, 125
Raleigh, Walter, 107
Ramsés II, 19
Ramsés III, 16
Reforma, 98-99
relógio de sol, invenção do, 41
Renascença, 97-98
Revolução Gloriosa, 101
Revolução Industrial, 119, 130-131
Rhodes, Cecil, 115
Ricardo I, 81
Robespierre, Maximilien, 128
Rodes, 27
Roma-Berlim, Eixo, 168
Roma, 172
    celtas saqueiam, 48
    fundação de, 41-42
    Grande Cisma, e, 69
    Império de, 47-48

Império do Oriente, *ver*
    Império Bizantino
República de, 46-47
saque de, 62
romanos e partas, guerras entre, 31
romanos
    Aníbal e, 37
    Assíria governada pelos, 20
    Batalha de Carras e, 31
    cristianismo se torna a religião
        dos, 35, 60
    Egito conquistado pelos, 15
    Guerras Púnicas e, 36
    Índia e China comerciam com
        os, 39
    sassânidas e, 32
Romênia, 62, 68, 147, 157, 162,
    171
Rommel, general Erwin, 171
Rômulo Augusto, imperador, 48
Rômulo, 43
Roosevelt, Franklin D., 173, 176
Rousseau, Jean-Jacques, 126
Rozvi, Império, 78
Rússia, 66-67, 86, 117, 125-127,
    133-134
    ascensão da, 123-124
    cristianismo se difunde na, 63
    Estados Unidos compram o
        Alasca da, os, 139
    judeus na, 136
    Napoleão ataca a, 129
    Primeira Guerra Mundial e,
        157-158, 165
    Revolução Russa, 164-165
    Segunda Guerra Mundial e,
        169-170

sufrágio feminino e, 163
Tríplice Entente e, 156
ver União Soviética
Russo-Japonesa, Guerra, 123, 151,
    164
Russo-Turca, Guerra, 132

Sacro Império Romano-
    Germânico, 66, 81, 99
Safávida, Império, 84-85, 116
Saladino, 56, 81
Samânida, Império, 59
samnitas, 43, 46
Samoa, 108, 144
San Martín, José de, 138
Sapor I, 32
Sargão da Acádia, 14
Sargão II, 20
Sassânida, Império, 31-32, 40, 48,
    54
saxões, 62, 94
Seacole, Mary, 133
Sebuk Tigin, 59
Seda, Rota da, 31, 42, 47, 57, 87, 90
Segunda Guerra Mundial, 149,
    152, 167, 170-171, 177-178, 180
Selêucida, Império, 30
Seleukos, 40
Selim I ("o Severo"), 82, 84
Sérvia, 147-148, 156-157, 162
Sete Anos, Guerra dos, 107, 125
Sevilha, 75-76
Sèvres, Tratado de, 148
Shaanxi, 152-153
Shabaka, rei, 35
Shaka, 115

Shang, dinastia, 24
Sherman, general William, 141
shona, 78
Sicília, 22, 36, 46, 56, 94, 135, 167, 172
  centros de comércio gregos na, 44
  governo islâmico na, 54
Sidon, 21
Sino-Japonesas, Guerras, 123, 151-153
sionismo, 148-149
siquismo, 92-93
Siracusa, centros de comércio gregos em, 44
Siraj ud daula, 119
Síria, 14, 18-21, 25-26, 45-46, 54, 56, 79, 81-82, 88, 90, 148, 159, 162
  como centro islâmico, 54
  otomanos e, 82
  ver Assíria
sismógrafo, invenção do, 41
Smith, Adam, 126
Somália, 145, 167
Song, dinastia, 87
Songhai, Império, 76-77
Sonni Ali, 77
Speke, John Hanning, 112
Sri Lanka, 38, ver Ceilão
Stalin, Joseph, 165-166, 173
Stephenson, George, 130
suaíli, 53, 77-78, 146
Sucessão Espanhola, Guerra da, 125
Sudão, 35, 141
Suécia, 98, 124-125

sufrágio, 131, 164
  feminino, 163-164
Sui, dinastia, 57-58
Suíça, 98, 132, 157, 164
Suleiman, 82
Suméria, 13-14, 18
Sun Yat-Sen, 151
Sundiata Keita, 76
Suppiluliuma, rei, 19
Surya, 23
Susa, 30

Tahmasp II, 116
Tailândia, 38
Taiping, 118-119, 122, 150
Taishi, Shotoku, 58
Taiti, 109, 142, 144
Taiwan, 118, 123, 151
Tamerlão, 88, 92
Tang, dinastia, 11, 57-59, 79
Tannenberg, Batalha de, 158
Tanzânia, 146
Tarquínio, o Soberbo, 43
Tasman, Abel, 109
Tasmânia, 109, 142
Tchecoslováquia, 162, 168
Tebas, 44
Tenochtitlán, 102-103, 105
Teodósio II, 61
Teotihuacán, 70-71, 73
Tiahuanaco, 70-71
Tianjin, Tratado de, 121
Tibete, 57, 118, 151
Tikal, 71
Timor, 109
timúrida, dinastia, 88

ÍNDICE REMISSIVO

Tiro, 21, 33, 36, 45
Togolândia, 159
Tollan, 73-74
toltecas, 70, 73-74
Tonga, 108, 144
Topiltzin, 73
Tóquio, 86, 123
Torá, 33
   ver Judaísmo
Trajano, 47
Transvaal, 115, 146
Trinta Anos, Guerra dos, 99, 102, 124
Truman, Harry S., 173
Tu'i Kanokupolu, dinastia, 144
Tugril Beg, 79
Túnis, 37
Tunísia, 21, 36, 55-56, 75, 147, 171
turcos, otomanos, 61, 82-84, 124, 133, 158
turcos, seljúcidas, 60, 79-80, 82
Turquestão, 118
Turquia, 18-19, 21, 30, 90, 133, 148, 158
   Norte da China invadido pela, 57
   Primeira Guerra Mundial e, 161-162
   ver Império Otomano
Turre, Mohammed, 77
Tutankhamon, 16

Ucrânia, 165-166
Ugarit, 21
União Soviética, 165-166, 169-170, 173-174
   ver Rússia

Ur, 14
Urbano II, papa, 80
usbeques, 84
Utrecht, Tratado de, 125

vale dos Reis, 16
Valeriano, 32, 48
vândalos, 61-62
Vargas, Getúlio, 177
Vedas, 23-24
Veneza, 83, 95, 99
Venezuela, 138
Verdun, Batalha de, 170
Versalhes, Tratado de, 161, 167-168
Vicksburg, Batalha de, 141
Viena, Congresso de, 128-129, 134
Vietnã, 41-42
vikings, 66-68, 106
   escravos e, 79
Virgínia, 100, 107, 137, 141
Vishnu, 23
visigodos, 54, 62
Vitória, Cataratas de, 112
Vitória, rainha, 119
Vladimir, príncipe, 68, 165
Voltaire, 126

Washington, George, 136
Waterloo, Batalha de, 129
Watt, James, 130
Wounded Knee, massacre de, 140
Wuchang, levante de, 151

xá Jahan, 92-93
xá Nader, 11, 85, 116-118
Xangai, 121, 152-153
Xerxes, 30
Xhosa, 115
Xian, 57
xintoísmo, 58

Zakros, 25
Zalaca, Batalha de, 75
zapotecas, 51
Zheng He, 91
Zhou, dinastia, 25, 41
Zhu De, 153
zoroastrismo, 30, 32
zulus, 114-115

Ypres, 95
   batalhas de, 157